Desmond Morris

HORSEWATCHING

Die Körpersprache des Pferdes

DESMOND MORRIS
HORSEWATCHING
Die Körpersprache des Pferdes

Mit Illustrationen von
Veronika Gräfin Strachwitz

WILHELM HEYNE VERLAG
MÜNCHEN

Titel der englischen Originalausgabe:
HORSEWATCHING
Ins Deutsche übertragen von Joseph Knecht

Die Originalausgabe erschien im Verlag
Jonathan Cape Ltd., London

Umschlaggestaltung: Atelier Ingrid Schütz, München
Umschlagfoto vorne:
Dr. W. Brüchle, Frankfurt (Bildarchiv Okapia, Frankfurt)
Foto hintere Schutzumschlagklappe: Desmond Morris, © Times
Satz: Schaber, Wels
Druck und Bindung: May + Co., Darmstadt
Printed in Germany 1989

ISBN 3-453-03222-5

Inhalt

Einleitung

Nennen wir den Hund des Menschen besten Freund, so bezeichnen wir das Pferd wohl am treffendsten als seinen besten Knecht. Über Tausende von Jahren hinweg wurden Pferde angeschirrt, zugeritten, mit Sporen malträtiert und geschlagen. Unbarmherzig wurden sie in blutige Schlachten getrieben, dort niedergemetzelt und zu Tode geschunden. Jahrhundertelang plagten sie sich dem Menschen zuliebe mit schweren Lasten ab — um am Ende ihrer Tage dafür mit dem Gang zum Abdekker entlohnt zu werden. Diese unglaubliche Ausbeutung der Pferde war der Dank für ihre extreme Bereitschaft, ihren menschlichen Gefährten zu Willen zu sein, sich für sie abzumühen und ihren Erwartungen nach besten Kräften Rechnung zu tragen. Ihre Wesensart, die ihnen so oft zum Verderben geriet, ist auf ihre angeborene gesellige Lebensweise in der freien Natur zurückzuführen. Pferde sind von ihrer Veranlagung her Herdentiere und leben in kleinen Gruppen. Der Zusammenhalt zwischen den Artgenossen zählt bei ihnen gleich stark wie die gegenseitige Konkurrenz, und die Zuneigung zueinander ist so groß, daß sie sich unschwer in ein Bündnis zwischen Pferd und Mensch umwandeln läßt. Zum Leidwesen des Pferdes endet in dieser Partnerschaft der Mensch sowohl im wörtlichen als auch übertragenen Sinne allemal obenauf. Sein gutmütiges Wesen ist das Pferd wahrlich teuer zu stehen gekommen.

Auf der anderen Seite bringt der Mensch dem Pferd große Liebe und Achtung entgegen, und das heute mehr denn je.

Einem jeden Fall von Brutalität stehen viele Beispiele menschlicher Hingabe voll Stunden selbstlosen Sorgens und Beschützens gegenüber, jedem gefühlsrohen Auspeitscher zahlreiche leidenschaftliche Pferdeliebhaber. Bereitwillig stehen sie in aller Frühe auf und ertragen ohne Murren Härten, um ihren angebeteten Pferdegefährten ein bestmögliches Leben zu gewährleisten. Kein anderes Tier erfährt mehr Bewunderung, kein anderes eine höhere Wertschätzung.

Warum nun erweckt gerade das Pferd solch starke Empfindungen in uns? Liegt es an seinem Aussehen oder seinem Verhalten, seiner kraftvollen Eleganz oder seinem Charakter? Die Antwort auf diese Frage liefert eine nahezu vierhundert Jahre alte Äußerung des Zoologen Edward Topsel. Er schrieb über das Pferd, es besitze »außergewöhnliche körperliche Eigenschaften und einen edlen Sinn, allem voran die Neigung, dem Menschen treu ergeben und gehorsam zu Diensten zu sein; darin hat es niemals gefehlt, weder in Friedens- noch in Kriegszeiten ... Deshalb«, so fuhr Topsel fort, »müssen wir das Pferd als die edelste und zugleich unentbehrlichste Kreatur unter allen vierbeinigen Lebewesen ansehen.« Die zwei Schlüsselwörter dieses Zitats, welche die besondere Anziehungskraft des Pferdes zu erklären vermögen, sind: »edel« und »unentbehrlich«. Eben diese Verbindung seiner stolzen Haltung mit seiner unermüdlichen Dienstbereitschaft macht es so unwiderstehlich. Wäre das Pferd, wie etwa die Giraffe, vornehm, aber unbezähmbar, würden wir zwar seine Schönheit bewundern, doch nicht unser Herz an es verlieren. Wäre es nützlich, aber plump, wie etwa das Schwein oder die Kuh, wüßten wir zwar seinen Gebrauchswert zu schätzen, doch wohl kaum sein erhabenes Wesen in Gedichten zu preisen. Das Geheimnis seiner Wirkung besteht darin, daß es sich für uns abschindet und dabei so edel ist. Trotz seines aristokratischen Auftretens ist es unser ergebenster Diener. Diese Mischung ist magisch: Wenn solch ein würdevolles Tier sich unserem Willen unterwirft, dann müssen wir in der Tat die Herren der Welt sein.

So ist es gekommen, daß der Mensch seit Beginn der Domestizierung des Pferdes in dessen Bann geriet. Und ebenfalls von Anfang an war es vor allem ein Merkmal des Pferdes, das die Geschichte der Menschheit besonders beeinflußt hat: seine »schnellen Beine«. Sie gewannen in zweifacher Hinsicht Bedeutung. Dank ihnen konnte sich der Mensch in vorher ungeahnter Weise auf dem Erdball ausbreiten und rasch von Ort zu Ort gelangen. Diente bis dahin das Rind als Last- und Zugtier und als Arbeiter vor dem Pflug, vermochten unsere Vorfahren nun dessen Einsatz auf die langsameren und schwerfälligeren Arbeiten zu beschränken und die Schnelligkeit erfordernden und sich über weite Räume erstreckenden Aufgaben dem Pferd zu übertragen. Die menschliche Mobilität war damit entscheidend angestiegen. Zivilisation konnte sich entfalten, vormals nicht zu bewältigende Handelswege wurden erschlossen. Kultureller Austausch entwickelte sich, und das gegenseitige Sich-Befruchten mit Gedanken und Ideen führte zu neuen schöpferischen Kräften. Bis hin zur Erfindung des Verbrennungsmotors war somit das Pferd über Jahrtausende *das* Beförderungsmittel des Menschen bei seinem Bestreben, sich die Erde untertan zu machen.

Die »schnellen Beine« des Pferdes begründen zudem sein Image der Vornehmheit. In der freien Wildbahn sind Pferde Grasfresser, die sich schnell bewegen, im Flachland leben und das offene Gelände brauchen. Daher mußten sie in Millionen von Jahren den eleganten Körperbau eines mit seinen Muskeln spielenden Athleten entwickeln. Schnelles Sich-Fortbewegen erfordert eine bestimmte Körperbereitschaft; eine Körperstruktur, die ebenfalls wir Menschen, die wir selbst Athleten sind, zu schätzen wissen. Denn als Gattung ist auch der Mensch weder ein Graber, Kletterer oder Klammerer, sondern ein Schnell-Läufer. Dieser Umstand verbindet uns mit dem Pferd und läßt uns seine erstaunliche Schnelligkeit und Eleganz zutiefst bewundern. Psychologisch gesehen, empfinden wir das Pferd als eine Verlängerung unseres eigenen »schnell-laufenden« Körpers. Sitzen wir auf seinem Rücken, verschmelzen wir sozusagen mit ihm und werden ein einziges, dahingaloppierendes, unbezwingliches Wesen, geradezu der berühmte Zentaur der antiken Mythologie.

Wann nun ereignete sich all das? Zu unserer Überraschung war das Pferd eine Art Nachzügler unter den Haustieren. Hunde, Ziegen, Schafe und Rinder standen bereits seit abertausend Jahren unter der Herrschaft des Menschen, als im dritten vorchristlichen Jahrtausend das Pferd erstmals im Zuge der rasch voranschreitenden Entwicklung der Landwirtschaft im Gebiet des heutigen südlichen Rußland und nordwestlichen Asien domestiziert wurde. Dies war freilich nicht die erste Begegnung zwischen Mensch und Pferd. Wie die eindrucksvollen prähistorischen Höhlenmalereien in Frankreich und Spanien bezeugen, jagten unsere Ahnherren schon in der Altsteinzeit Pferde zu Nahrungszwecken. Sie versuchten jedoch nicht, sie zu zähmen. Ihre Beziehung zu ihnen beschränkte sich vielmehr darauf, sie in Fallen zu fangen, mit dem Speer zu töten und zu verspeisen.

Interessanterweise drohten übrigens die Pferde während dieser Jagdphase bereits als Wildtiere auszusterben, und zwar ohne jegliches menschliche Zutun. Am Ende der Eiszeit nämlich dehnte sich in den meisten Teilen der gemäßigten Klimazone dichter Wald rasch aus. Als Bewohner großer offener Ebenen verlor das Pferd dadurch nach und nach seinen Lebensraum. Vermutlich wäre die gesamte Tierart gänzlich ausgestorben, hätten nicht die damaligen Bauern eingegriffen und das Pferd noch rechtzeitig vor seinem Aussterben domestiziert. Dies ist eine erfreuliche Umkehrung der Geschichte, wonach für gewöhnlich die Hand des Menschen so manche Tierart zu vorzeitigem Untergang verurteilt.

Dank seiner Domestizierung war das Pferd im zweiten Jahrtausend vor Christus in zunehmender Zahl wieder überall in Europa anzutreffen. Spätestens um 1500 vor Christus gab es bereits die beiden Grundarten der heutigen domestizierten Pferderassen: einmal den untersetzt und kräftig gebauten Typ der kälteren, nördlichen Regionen und zum andern den schlanken, zartgliedrigen im wärmeren Süden. Die Spezialisierung nahm ihren Anfang. Aus dem halbwilden massigen Pferd des Nordens entstanden durch gezielte Zucht die großen und schweren Pferderassen. Sie dienten den Bauern als Arbeitstiere und den Rittern als Schlachtrosse. Von dem langbeinigen südlichen Typ stammt der Vorfahr des heutigen vollblütigen Rennpferds, der prachtvolle feurige Araber ab. Wo immer der Mensch seinen eigenen Lebensraum erforschte und erweiterte, stets war das Pferd mit dabei. So breiteten sich beide zusammen über nahezu den ganzen Erdball aus. Die spanischen Konquistadoren etwa führten bei ihrem Aufbruch in die Neue Welt nur einige Pferde mit sich, Columbus 30 und Cortez 16 an der Zahl. Binnen kurzem entstand daraus die neue Rasse der Mustangs, die ihrerseits wiederum die gesellschaftliche Struktur der Prärie-Indianer Amerikas veränderte.

Je stärker die Erdbevölkerung anwuchs, desto mehr Pferde stellte der Mensch in seinen Dienst. Das gesamte Leben beruhte auf der vielseitigen Verwendbarkeit der Pferde zu Feldarbeit, Transport und Kriegsdienst, bei Festlichkeiten, Sport und Unterhaltung. Im Zuge der Entwicklung der Waffentechnik freilich wurde ihr Los immer erbärmlicher. An einem einzigen Gefechtstag des Ersten Weltkrieges fanden im Durchschnitt 7000 Pferde den Tod. Von der Million englischer Pferde, die in diesem grausamen Völkermorden an der Front zum Einsatz kam, sahen nur 62000 die Heimat wieder. Und die Zahl derjenigen, die glücklich dem Hagel der Bomben und Granaten entronnen waren, wurde nach Kriegsende zu Nahrung für Kriegsgefangene oder zu Düngemittel für die Bauern auf dem europäischen Festland verarbeitet; das war ihr Lohn für die Leiden des Kriegsdienstes.

Obwohl das Pferd den modernen Waffen hoffnungslos ausgeliefert war, verzeichnet die Geschichte zu Beginn des Zweiten Weltkrieges eine letzte berittene Attacke. 1939 stürmte die polnische Kavallerie todesmutig gegen die Panzer und Tiefflieger der deutschen Wehrmacht. Sie wurden gänzlich aufgerieben; das Schlachtroß gehörte endgültig der Vergangenheit an. Die heutigen Kriegsfilme ersparen uns ein echtes Blutbad. Eigens trainierte Film-Pferde sind zu wertvoll, um des Vergnügens willen dahingemetzelt zu werden. Ihr Sterben ist lediglich »gespielt« und läßt uns allzuleicht vergessen, welch schrecklichen Preis das Pferd für seine Domestizierung durch den Menschen bezahlen mußte.

Mit zunehmender Industrialisierung endete das Zeitalter des Pferdes allmählich. Zuerst ersetzte die Eisenbahn, dann das Automobil Pferde als Transportmittel. Motorisierte Vehikel aller Art verdrängten den Vierbeiner. Lastwagen, Traktoren, Panzer, Busse, Lieferwagen und Limousinen beherrschten bald Straßen und Felder. Der Hufschmied wurde zum aussterbenden Beruf. Pferde hielt man nur noch aus Nostalgie; abgesehen vom Renn- und Hobbysport gab es wenig für sie zu tun. Die alten Zeiten der Mühsal und Fron waren somit vorbei. Dafür betrachten seitdem immer mehr Menschen das Pferd nicht weiterhin als Handelsware, sondern als Lebewesen, das Achtung, Wertschätzung und Liebe verdient. Zum erstenmal seit 5000 Jahren hat deshalb unser ergebenster Diener heutzutage wieder ein schönes Leben. Zwar kann er nicht in Freiheit weite Ebenen durchstreifen, aber seine Abhängigkeit ist nun zumindest würdiger Natur, getragen von Sorge und Zuneigung.

Vor 400 Jahren schrieb John Florio: »England ist ein Paradies für die Frauen, ein Fegefeuer für die Männer und eine Hölle für die Pferde.« In unseren Tagen sind diese höllischen Zustände etwas himmlischer geworden. Nach und nach tragen wir unsere dem Pferd gegenüber aufgelaufene Schuld ab. Doch seltsamerweise verstehen wir trotz aller Begeisterung und Leidenschaft oftmals nicht das Tier in der ihm eigenen Art. Wir wissen immer noch nicht das Pferd um seiner selbst willen zu schätzen, zu schätzen als ein außerordentliches Lebewesen, fähig zu subtilen Gefühlsregungen, reicher Körpersprache und sozialem Verhalten. Das gilt auch für erfahrene Reiter, denn dem Reiter ist im allgemeinen die Beziehung der Pferde untereinander fremd. Das vorliegende Buch versucht diesem Mangel an Wissen und Verstehen abzuhelfen, indem es das Pferd als einen unserer engsten tierischen Gefährten aus seinen Äußerungen und seiner Welt heraus begreift und darstellt. Die letzten Kapitel behandeln zusätzlich einige der weniger bekannten Aspekte der Mythen und Volksbräuche um das Pferd. Das Buch wendet sich an jeden Pferde-Beobachter, gleich ob er bereits fünfzig Jahre im Sattel sitzt oder Pferde nur vom heimischen Bildschirm kennt. Möge der Leser aufgrund der Lektüre der nachfolgenden Seiten am Ende besser verstehen, daß das Pferd ein edles und (selbst heute noch) für uns notwendiges Tier ist, eine Kreatur, die unser aller Leben allein durch seine bloße Gegenwart bereichert.

Was signalisiert das Pferd mit seinen Ohren?

Die Ohren eines Pferdes stehen selten still. So wie Radarantennen ständig den Himmel abtasten, bewegen sie sich unentwegt mal da-, mal dorthin und erfassen selbst die leisesten Geräusche aus ihrer Umgebung. Für die wildlebenden Vorfahren des domestizierten Pferdes war diese Fähigkeit eminent wichtig: Die einzige Form des Selbstschutzes bestand für sie darin, sich bei Gefahr schnell aus dem Staube zu machen. Es war eine Frage des Überlebens, die ersten Zeichen drohenden Unheils zu erkennen, um augenblicklich davonzugaloppieren, ehe ein Raubtier zum Sprung ansetzte. Die wendigen Ohren des Pferdes stellten daher gewissermaßen ein Frühwarnsystem dar.

Da die Stellung der Ohren je nach der Gemütsverfassung des Pferdes wechselt, dienen sie seinen Artgenossen gleichsam auch als Stimmungsbarometer. Ein kurzer Blick auf Stellung oder Bewegung der Ohren vermag dem einen die Laune des andern zu verraten. So kommt den Ohren eine doppelte Funktion zu: Zum einen empfangen sie hörbare Signale, zum andern »senden« sie optische aus. Diese erweisen sich als außerordentlich aussagekräftig, weil die Ohren des Pferdes deutlich sichtbar sind. Bei anderen Huftieren, wie etwa beim Rind, der Antilope oder dem Rotwild, verdecken die aus der Stirnfläche hervortretenden Hörner und Geweihe leicht die Ohrbewegungen. Frei von solchen Hindernissen sind die Ohren des Pferdes dagegen eindeutig auszumachen, selbst aus beträchtlicher Entfernung oder bei nur silhouettenhafter Wahrnehmung des Pferdes. Die Ohrensprache des Pferdes hat die folgende Bedeutung:

In der neutralen *Grundstellung* hält das Pferd die Ohren ohne Anspannung aufgerichtet, wobei die Ohrmuscheln nach vorne und nach außen weisen. Das Pferd kann also sowohl nach vorne hin als auch zur Seite hin etwaige Geräusche hören und somit seine Umgebung bestmöglich abdekken. Im Falle des ungewohnten Geräusches allerdings dreht das Pferd sofort ein oder beide Ohren in dessen Richtung, um es eingehender zu überprüfen.

Erweist sich das Geräusch als fremdartig oder beunruhigend, so wendet das Pferd auch seinen Kopf oder gar seinen ganzen Körper in die entsprechende Richtung, stellt seine Ohren angespannt auf und richtet deren Muscheln unmittelbar nach dem Geräusch aus. Diese *gespitzte* Ohrstellung ist bezeichnend für Pferde, die aufgeschreckt, wachsam, neugierig oder einfach interessiert sind; sie ist ebenso bei freundlichen Begrüßungen von Angesicht zu Angesicht zu beobachten.

Eine ganz andere Bedeutung als die gespitzten Ohren haben die *Flügel*-Ohren. Hierbei fallen die Ohren entspannt seitwärts, und die Muscheln sind der Erde zugewandt. Diese Ohrhaltung ist typisch für ein müdes oder teilnahmsloses Pferd oder für eines, das das Interesse an seiner Umwelt völlig verloren hat. Seitlich vom Kopf abgewinkelt, zeigen die Ohren eindeutig an, daß das Tier seelisch gebrochen ist. Bisweilen nimmt die Flügel-Stellung eine extrem *schlaffe* Form an, und die Ohren hängen zu beiden Seiten des Kopfes kraftlos herab. Das ist bei Pferden zu beobachten, die dahindösen oder starke Schmerzen haben und von nichts mehr hören wollen. Diese seitwärts gerichtete Stellung nehmen die Ohren des Pferdes auch ein, wenn das Tier in Rangordnungskämpfen oder streßgeladenen Auseinandersetzungen mit Artgenossen seine Unterlegenheit signalisiert. Das schwächere Pferd gibt dann dem überlegenen durch diese Stellung der Ohren zu verstehen: »Ich will mit dir nicht weiter streiten. Ich geb's auf. Du bist der Herr im Haus; gib dich zufrieden und laß mich in Ruhe.«

Bisweilen lassen Pferde, auf deren Rücken ein Reiter sitzt, die Ohren schlaff nach rückwärts fallen. In dieser Stellung sinken die Ohren ein wenig zur Seite, die Ohrmuscheln jedoch sind direkt nach rückwärts auf den Reiter gerichtet. Diese Position der Ohren zeigt an, daß das Tier Angst vor dem Reiter hat und sich diesem unterwirft. Das Zur-Seite-Wegfallen der Ohren verrät die Unterwürfigkeit und die rückwärts gerichteten Ohröffnungen die zwanghafte Anspannung des Pferdes, jeden kleinsten Laut des auf seinem Rücken sitzenden, furchteinflößendes Etwas aufzufangen. Diese Ohrenstellung ist für Pferde brutaler Reiter charakteristisch. Aber auch zu beobachten, wenn sexuell erregte Pferde einander begegnen. Häufig hält hier die Stute ihre Ohren in der beschriebenen Stellung, wenn sie, von starkem Verlangen getrieben, sich einem kraftvollen Hengst nähert. Sie fühlt sich von ihm angezogen, doch zugleich eingeschüchtert, was sie mit den Ohren anzeigt. Auf den Hengst wiederum wirkt ihr Signal der Unterwürfigkeit stimulierend; er weiß nun, daß er beim Besteigen der Stute keinen ruppigen Tritt zu befürchten braucht.

Schlägt gewöhnlich Furcht in blinde Panik um, so nehmen die Ohren die gespitzte Hab-acht-Stellung ein. Ganz steil aufgerichtet zucken und flattern sie nun. Ein Tier mit solch *flatternden* Ohren ist nahe daran, in wildem Entsetzen durchzugehen.

Für die entgegengesetzte Seite der Gefühlsskala, also bei Unwillen, Aggressivität und Dominanzstreben, sind *angelegte* Ohren typisch. Das Pferd drückt sie rückwärtig flach an seinen Kopf, so daß sie kaum mehr wahrzunehmen sind. Im Schattenriß erscheint ein aggressives Pferd völlig ohrlos. Man nimmt an, einer der Gründe für die leichte Beherrschbarkeit des Pferdes durch den Menschen bestehe darin, daß dieser auf das Pferd infolge seiner von Natur aus eng am Kopf anliegenden Ohren stets einen dominanten und furchterregenden Eindruck mache. Gemäß der Pferdesprache müssen wir auf unsere vierbeinigen Gefährten höchst einschüchternd wirken. Das Pferd scheint keinen Weg zu sehen, an unserer in seinen Augen despotischen Attitüde etwas zu ändern. Denn so unterwürfig es sich auch verhält, niemals stellen wir unsere Ohren zu einer freundlichen Begrüßung auf oder lassen sie in ergebener Unterordnung seitwärts herabsinken.

Es hat seinen guten Grund, warum gerade die anliegenden Ohren des Pferdes Kampfesstimmung signalisieren. Ursprünglich war dies eine Schutz-Haltung, um die Ohren bei feindlichen Angriffen zu schützen. Zurückgeschlagen waren sie am wenigsten den Bissen möglicher Rivalen ausgesetzt. Im Laufe der Evolution wurde die angestammte Selbstschutz-Position der Ohren zu einem festen Bestandteil der Alltagssprache des Pferdes. Sie ist nun nicht mehr auf die

unmittelbare Kampfsituation beschränkt, sondern eine prinzipielle Drohgebärde, zu beobachten, wann immer sich zwei rivalisierende Pferde begegnen. Das angriffsbereite Tier legt einfach die Ohren zurück und drückt damit soviel aus wie: »Wenn du dich mit mir anlegen willst, ok, dann komm.« Dem Gegner steht es nun frei, sich entweder zurückzuziehen oder der Herausforderung zu stellen. Auf diese Weise lassen sich Streitigkeiten oftmals ohne eigentlichen Kampf bereinigen. Die bloße Gebärde ersetzt unnützes Beißen und Hufeschlagen.

Bei Rennpferden weisen zwei ungewöhnliche und sonderbare Reaktionen meist eindeutig auf ein Doping hin. Unter dem Einfluß von Sedativa, also Beruhigungsmitteln, hängen die Ohren schlaff seitlich herab, und zwar selbst dann, wenn das Tier ansonsten aktiv ist. Das Pferd verliert unter der Einwirkung solcher Mittel die Kontrolle über die Ohrmuskeln, so daß die Ohren seitlich niedersinken *und* dabei — wenn das Tier sich fortbewegt — auf- und niederschlagen. Bei der Verabreichung von Stimulantia dagegen sind die Ohren vollkommen steif. Verhält sich also ein Pferd vor einem Rennen merkwürdig und ist eine der beiden geschilderten Ohrenstellungen zu beobachten, so ist der Verdacht auf Doping naheliegend.

Doch zurück zum gesunden, nicht gedopten Tier. Wie bereits weiter oben erwähnt, bewegt es seine Ohren unentwegt, um möglichst jeden Laut in seiner unmittelbaren und weiteren Umgebung auszumachen. Die Ohrbewegungen des Tieres geben aber auch Auskunft über die Art und den Grad der Aufmerksamkeit, die ein Pferd einem Geräusch entgegenbringt. Pferde können aus der Ohrstellung anderer Pferde nicht nur den Ursprungsort bestimmter Geräusche ersehen, sondern auch die Art und die Intensität des Interesses, und entsprechend reagieren sie dann. Befindet sich die Geräuschquelle jedoch im Rücken des Pferdes, so richtet das Tier seine Ohren ungeachtet seiner momentanen Stimmung auf alle Fälle nach rückwärts und nimmt sie erst wieder in die übliche, entspannte »Horchposition« zurück, wenn das Geräusch verklungen ist. Die Tiere lernen rasch, zwischen den unwesentlichen Signalen gesteigerter Aufmerksamkeit auf seiten eines Herdengenossen und den wesentlichen Stimmungsbekundungen von Artgenossen zu unterscheiden. Auch für uns ist es nicht schwierig, die vergleichsweise einfache Sprache der Pferdeohren zu verstehen. Wenn wir diese Signale verstehen, können wir auf einen Blick die jeweilige Gemütslage unserer vierbeinigen Kameraden erkennen und so ein wenig tiefer in ihre Welt vordringen.

Wie gut können Pferde hören?

Pferde können bei weitem besser hören als wir Menschen. Ihr hochempfindliches Gehör hat ein weiteres Spektrum, das von sehr niedrigen bis sehr hohen Frequenzen reicht, und es ist in jeder Beziehung feiner und schärfer als das unsere.

Erwachsene Menschen vernehmen in jungen Jahren Töne bis etwa 20 000 Hertz, im Alter von sechzig Jahren dann nur mehr etwa 12 000 Hertz. Tests haben ergeben, daß das Hörvermögen der Pferde bis zu zirka 25 000 Hertz reicht; es liegt also deutlich über dem unsrigen, läßt aber ebenfalls mit zunehmendem Alter nach.

Das feine Gehör der Pferde beruht insbesondere auf ihren großen und höchst beweglichen Ohrmuscheln. Von nicht weniger als 16 verschiedenen Muskeln gesteuert, kann sich jedes Ohr um bis zu 180 Grad drehen und so Geräusche auch auf große Entfernung direkt orten. Pferdebesitzer wissen aus Erfahrung, daß Pferde oftmals lange vor dem Menschen ein Geräusch vernehmen.

Pferde reagieren derart sensibel auf nahende Naturereignisse, etwa Orkane, Wirbelstürme oder Erdbeben, daß manche ihnen einen sechsten Sinn zuschreiben. Dies freilich wäre erst in Versuchen mit tauben Pferden zu beweisen. Wahrscheinlich besteht der geheimnisvolle sechste Sinn auf der Fähigkeit des Tieres, selbst ganz leise Töne wahrzunehmen, die unter unserer Hörschwelle bzw. -reichweite liegen. Selbst Erdbeben sind auf diese Weise »vorauszuhören«, weil ihnen niedrigfrequente geophysikalische Vibrationen vorausgehen. Menschen in Erdbebenzonen haben häufig beobachtet,

wie Pferde unmittelbar vor einem Erdbeben hoch erregt wirken und laut vernehmlich unruhig werden — eine willkommene Frühwarnung für den weniger sensiblen Menschen.

Das heißt jedoch nicht zwangsläufig, Pferde hätten keinen sechsten Sinn. Wir sollten uns lediglich davor hüten, ein uns unerklärliches Verhalten der Pferde kurzerhand einem solchen Vermögen zuzuschreiben. Es ist keineswegs auszuschließen, daß das Pferd gleich vielen anderen Lebewesen über das Hören, Sehen, Riechen und Tasten hinaus auf das sich verändernde Magnetfeld der Erde und auf weitere Naturphänomene reagiert. Viele Reiter, die während eines nachmittäglichen Ausritts von ihrem Pferd abgeworfen wurden, fragen sich verwundert, wie ihr Tier trotz fremder Umgebung und Dunkelheit geradewegs nach Hause gefunden hat. Man mag das mit einem hervorragenden Gehör erklären, das auch auf größere Distanz vertraute Töne wahrnimmt, oder darin den Beweis einer noch außergewöhnlicheren Empfindsamkeit für die »magnetische Landkarte« des heimatlichen Territoriums sehen. Wie auch immer, sicher ist, daß Pferde bemerkenswert fein auf ihre unmittelbare Umwelt eingestimmt sind.

Eine besonders laute Umgebung kann das sensible Tier richtiggehend peinigen. Pferde, die in der Nähe von Flughäfen oder vielbefahrenen Straßen leben, werden oftmals überempfindlich und reizbar. Was bereits für uns lästiger Lärm ist, muß erst recht für das Pferd unerträgliches Getöse bedeuten. Sie können solche Strömungen bis zu einem gewissen Grade mildern, indem sie ihre Ohren herunterklappen; das reicht allerdings nicht aus, und man sollte deshalb vermeiden, Pferde ohne Not Lärm auszusetzen. Polizei- und Paradepferde werden eigens und mit viel Geduld geschult, *nicht* ihren natürlichen Reaktionen auf Schreie, Hurra-Rufe, Trommeln und Blaskapellen zu folgen. Doch selbst diese speziell abgerichteten Tiere schrecken und zucken im echten Einsatz zusammen. Sie bäumen sich zwar nicht mehr auf oder gehen durch, aber ihre Körpersprache bezeugt, daß sie alles andere als ruhig sind, wenn der Krach ihre feinen Ohren schmerzlich bombardiert.

Ein kluger Reiter kann sich den hochentwickelten Gehörsinn des Pferdes zunutze machen und das Pferd wie einen Hund ohne Schwierigkeiten lehren, sanft gesprochene, einfache Befehle, wie etwa »Halt«, »Geh«, »Ja«, »Nein« und viele weitere zu verstehen. Unverständlicherweise wird diese Möglichkeit häufig nicht wahrgenommen, und einige meinen irrtümlich, es sei falsch, mit dem Pferd zu sprechen. Sie bedienen sich vielmehr ausschließlich körperbezogener Mittel — des Zügels, des Schenkel- und Gesäßdrucks und des Ruhen-Lassens — und vergessen dabei ganz sein ausgezeichnetes Gehör.

Wie groß ist das Laute-Repertoire des Pferdes?

Das Pferd verfügt nur über eine geringe Zahl lautlicher Ausdrucksmöglichkeiten, und diese Laute sind obendrein alles andere als Musik in unseren Ohren. Doch immerhin kann es schnauben, einen kurzen, beinahe schrillen Schrei wiehern und stöhnen. Auf diese Weise vermag es sich auf einfache und zugleich zweckvolle Weise mitzuteilen.

Der »Wortschatz« des Pferdes läßt sich im wesentlichen in acht Hauptlaute unterteilen:

Das *Schnauben* drückt eine Mischung aus Neugier und Interesse einerseits sowie Unsicherheit und Furcht andererseits aus. Es zeigt eine mögliche Gefährdung an und erfüllt zwei Aufgaben gleichzeitig: Es reinigt den Nasentrakt des Tieres und macht die anderen Mitglieder der Herde auf eine möglicherweise drohende Gefahr aufmerksam. Da das lautgebende Tier sein Gesicht zur Gefahrenquelle hinwendet, können die anderen Pferde deren Richtung ebenfalls erfassen.

Das Schnauben gleicht also dem wesentlich lauteren Anschlagen des Hundes. Doch im Gegensatz dazu ist es nur im Umkreis von etwa fünfzig Metern zu hören. Somit kann ein Pferd, das eine Gefahr in der Ferne entdeckt hat, seine Artgenossen warnen, ohne einem umherschleichenden Raubtier die Anwesenheit der Herde zu verraten.

Das Schnauben ist ein reiner Nasenlaut. Es entsteht, wenn das Tier bei geschlossenem Maul einen kräftigen Atemstoß durch die Nase schickt. Es dauert etwa acht oder neun Zehntelsekunden und hat wegen der Vibration der Nüstern ein deutliches Tremolo. Gewöhnlich hält das Pferd den Kopf hoch. Ebenso verraten Schweif- und Körperhaltung hochgradige Erregung und Fluchtbereitschaft.

Meist ist das Schnauben eine Reaktion auf ein entferntes, beunruhigendes Objekt, häufig jedoch finden wir es auch bei der Begegnung zweier Hengste, wiederum als Zeichen von Interesse und Angst, als Ausdruck zweier sich widerstreitender Empfindungen.

Der *Schrill-Laut* ist ein defensives Signal. Bei spannungsgeladenen Zusammentreffen bedeutet er soviel wie: »Rück mir nicht näher auf den Leib, sonst muß ich zurückschlagen« oder: »Halt, hör auf und laß ab.« Dies ist besonders der Fall bei säugenden Stuten mit wunden, berührungsempfindlichen Zitzen oder bei Stuten, die sich einen allzu aufdringlichen Hengst vom Leib halten wollen. Im Zuge der Paarung allerdings bekommt dieser Laut der Stute manchmal noch eine zusätzliche Bedeutung und bedeutet dann: »Stopp, aber ich mag es trotzdem.«

Die Intensität dieses Lautes variiert beträchtlich. Er dauert von einer Zehntelsekunde bis zu 1,7 Sekunden und ist bei voller Stärke im Umkreis von zirka 100 Metern zu vernehmen, am lautesten während der Paarung. Die Pferde produzieren diesen Laut gewöhnlich bei geschlossenem Maul, wodurch die Maulwinkel bisweilen ein wenig geöffnet sind.

Das *Begrüßungs-Wiehern* besteht aus einem tiefen, tremolierenden Kehllaut. Es dient als freundliches »Grüß Gott« und als »Komm-her«-Aufforderung. Es ist zwischen Pferden üblich, die sich bereits kennen, und im Umkreis von etwa 30 Metern hörbar. Bringt der Betreuer zur Fütterungszeit das Futter, nimmt dieses Wiehern manchmal einen fast bittenden Tonfall an, aber es ist und bleibt grundsätzlich ein »Hallo, schön dich zu sehen«.

Dieselbe Bedeutung, jedoch mit einem dezidiert erotischen Beigeschmack, hat das *Werbungs-Wiehern* eines Hengstes. Es ist etwa dem menschlichen »O la la, wie geht's, meine

Schöne« vergleichbar. Der Hengst nickt dabei oft kräftig mit dem Kopf, hält das Maul geschlossen und die Nüstern weit geöffnet. Das Werbungs-Wiehern ist länger, tiefer und mehr in Einzeltöne gebrochen als das Begrüßungs-Wiehern. Jeder hat dabei eine charakteristische »Schwingungszeit«, so daß eine Stute einen Hengst erkennen kann, ohne sich nach ihm umzudrehen.

Die Stute wendet das sehr sanfte und aus der Entfernung kaum hörbare *Mutter-Wiehern* gegenüber ihrem Fohlen an. Um die Sicherheit ihres Kindes besorgt, ruft sie ihm sanft und vertraulich zu, es möge doch ein wenig näher kommen. Fohlen reagieren auf das Mutter-Wiehern ohne vorherigen Lernprozeß von Geburt an. Es wirkt derart zwingend, daß ein Mensch durch Nachahmung des Mutter-Wieherns ein neugeborenes Fohlen dazu bringen kann, ihm zu folgen.

Das *Ortungs-Wiehern* ist der kräftigste und ausgedehnteste Laut des Pferdes. Es dauert durchschnittlich anderthalb Sekunden und ist bis auf einen Kilometer Entfernung zu hören. Es entspricht dem Hunde-Heulen und dient der Standort-Verständigung der Herdenmitglieder untereinander. Weiterhin kommt es zum Einsatz, wenn ein Pferd sich von der Gruppe isoliert hat oder wenn es einen Gefährten in der Ferne entdeckt. In der Regel wird der Ruf beantwortet, so daß folgender Dialog zustande kommt: »Ich bin hier, bist du es? Ja, ich bin's, ich höre dich.« Das Ortungs-Wiehern hilft, die Herde zusammen- oder zumindest auf Distanz den Kontakt zu ihr aufrechtzuerhalten. Pferde reagieren auf das Wiehern von Herdengefährten stärker als auf das fremder Artgenossen, und Muttertiere antworten intensiver auf das Rufen ihres eigenen Fohlens als auf das anderer Jungtiere. Das Wiehern eines Pferdes ist ein persönliches Erkennungsmerkmal und wird als solches von den übrigen Pferden erkannt. Bei genauem Hinhören bemerkt man rasch, daß jedes Tier tatsächlich seinen eigenen charakteristischen »Klang« hat, ja, daß darüber hinaus rassebedingte Eigenheiten bestehen. Auch läßt sich das Wiehern eines Hengstes von dem einer Stute durch eine Art Brummton unterscheiden, mit dem das Wiehern des männlichen Tieres ausklingt. Einige meinen irrtümlich, das Ortungs-Wiehern sei ein Ausdruck der Angst und Panik. Zwar stößt ein einsames Pferd tatsächlich dieses Wiehern aus, um wieder Kontakt zu seinen Herdengenossen zu finden, aber es ist kein Alarmsignal, sondern eine Frage, eine Bitte um Antwort.

Wenn Pferde ernsthaft miteinander kämpfen oder sehr erregt sind, sei es durch Furcht oder Wut oder beides zugleich, so »röhren« oder schreien sie zu hoher Tonlage. Das »Röhren« oder Schreien kommt bei domestizierten Pferden kaum vor, außer bei Herden, die im Freien leben oder in größerer Zahl draußen gehalten werden, was in der modernen Pferdezucht selten der Fall ist.

Das *Blasen* ist ein Schnauben ohne Tremolo. Es entsteht durch einfaches, nasales Luftausstoßen und hat eine ähnliche, aber abgeschwächte Bedeutung wie das Schnauben. Das Tier will damit sagen: »Was gibt's?« Oder schlicht: »Es geht mir gut, und das Leben ist schön.«

Darüber hinaus hört man Pferde *stöhnen, ächzen,* vor Langeweile *seufzen* und *laut schnauben.* Dies jedoch nur gelegentlich, denn das Pferd verfügt weder über eine hochentwickelte Lautsprache, noch macht es von der vorhandenen ausgiebig Gebrauch. Keiner der Laute des Pferdes ist auf einen bestimmten Zusammenhang oder eine besondere spezifische Bedeutung beschränkt. Obwohl es typische Pferde-Laute gibt, haben diese je nach Situation oder sozialen Umständen einen verschiedenen Sinn. Bei der Interpretation der Pferdesprache ist dies stets zu beachten.

Was signalisiert das Pferd mit seinem Schweif?

Der Schweif des Pferdes hebt und senkt sich der empfindlichen Nadel eines Seismographen vergleichbar. Ein hochgetragener Schweif spricht für Aktivität, Wachsamkeit und Tatendrang, ein schlaff herunterhängender für Schläfrigkeit, Erschöpfung, Schmerz, Angst oder Unterwürfigkeit.

Die Signalsprache des Schweifs hat ihre Ursache im Bewegungsablauf des Tieres: Je schneller es läuft, desto stärker kommt das »Anti-Schwerkraft«-Muskelsystem zum Einsatz. Diese Muskeln aktiviert es beim Aufstehen und wann immer es sich fortbewegt. Der Schweif wird dabei ganz automatisch mit angehoben. Verlangsamt dagegen das Pferd seinen Lauf und tritt sozusagen auf die Bremse, so ist der Ablauf genau umgekehrt; der Schweif wird nach unten gedrückt. Entwicklungsgeschichtlich treten die verschiedenen Haltungen des Schweifes ursprünglich nur in Verbindung mit dem Wechsel der Gangart auf; im Zuge der Zeit jedoch haben sie zusätzliche, »sprachliche« Bedeutungen angenommen, und die Pferde, wie wir sie kennen, heben oder senken den Schweif meistens nur, um ein reines Ausdruckssignal auszusenden. Der grundlegende, geradezu reflexartige Zusammenhang zwischen »vorwärts« und Schweif-hoch beziehungsweise zwischen »halt« und Schweif-nach-unten ist in der Symbolik der Körpersprache des Pferdes erhalten geblieben.

Ein ausgelassenes Fohlen etwa fordert ein anderes zum Spiel auf, indem es seinen Schweif so hoch wie anatomisch möglich in die Luft streckt und manchmal sogar kreisen läßt. Der so »angesprochene« Spielkamerad wird die Einladung sofort verstehen, und das Tollen kann beginnen. Hervorzuheben ist, daß die Aufforderung nicht notwendigerweise mit einer beschleunigenden Körperbewegung zusammenhängen muß, sie mag ebenso aus dem Stand heraus erfolgen. Die Muskelreaktion der Schweifanspannung, die ursprünglich infolge einer Vorwärtsbewegung erfolgte, wird hier losgelöst von der Bewegung und »bedeutet« jetzt nur noch soviel wie: »Komm, laß uns herumtollen.«

Ebensogut aber kann ein stehendes Pferd seinen Schweif »bewußt« senken, um einem anderen Pferd zu verstehen zu geben, es sei müde und schwach, unterwerfe sich und erkenne das andere Tier als das stärkere an. Hat ein solches Tier besonders starke Angst vor einem anderen Pferd, so preßt es den Schweif ganz fest an seinen Körper, nahezu einem Hund gleich, der seinen Schwanz zwischen die Beine klemmt.

Ist ein Pferd aggressiv und angespannt, versteift sich bisweilen die muskulöse Schwanzwurzel (»Schweifrübe«) zusätzlich, so daß der Schweif insgesamt stärker als gewöhnlich wie eine haarige Rute vom Hinterteil absteht.

Bei sexuell motivierten Annäherungen halten Hengst und Stute den Schweif aus Erregung hoch. Allerdings »klappt« ihn die Stute in solchen Situationen nach rechts oder links zur Seite – für den Hengst das Signal, die Stute zu besteigen.

Neben dem vertikalen Auf und Ab beobachten wir auch schnelle peitschenartige Schwanzbewegungen in verschiedene Richtungen. Diese sind abgeleitet von der verärgerten Reaktion auf Insekten oder andere Plagegeister. Wiederum wird ein Reflex, in diesem Fall die Funktion des Schweifs als »Fliegenscheuche«, in die Körpersprache des Pferdes aufgenommen und erfüllt somit kommunikative Zwecke. Ein furchtsames, verkrampftes oder verstörtes Pferd schlägt oft mit dem Schweif ruckartig mal hierhin, mal dorthin, meist zuerst seitwärts, dann nach oben oder unten, danach in einer Bogenbewegung. An die Stelle des realen Störfaktors Fliege, die es mit Hilfe des Schwanzes zu vertreiben gilt, tritt nun ein »psychologisches« Motiv, das mittels der gleichen Schwanzbewegung ausgedrückt wird. Die Regeln beim Dressur-Reiten bewerten ein entsprechendes Schweifschlagen als »Nicht-Losgelassenheit« und somit negativ; die im Schweifschlagen zum Ausdruck kommende Unruhe des Pferdes wird dem Reiter als mangelnde Vorbereitung seines Tieres angelastet.

Bei einem wutentbrannten Pferd kann sich das seitliche Peitschen so verstärken, daß die Schwanzhaare richtiggehend durch die Luft pfeifen und gar einem davon getroffenen Menschen die Haut aufreißen. Steigert sich das Tier weiter in seine Wut hinein, so stellt es den Schweif steil in die Höhe und läßt ihn dann hart nach unten sausen; häufig kündet das einen bösen Huftritt an.

Die in einigen Ländern illegale Verwendung einer batteriebetriebenen Schock-Peitsche löst eine andere unverkennbare Schweifreaktion aus. Erhält das Pferd einen Stromstoß,

so versteift es den Schweifansatz, läßt den Schweif rasch kreisen, hebt ihn nach oben und schlägt ihn sodann fest auf sein Hinterteil. Das Ganze verläuft blitzschnell, ist aber ein sicheres Indiz für die verbotene Verwendung der Batteriepeitsche.

Einer anderen Art des Betruges ist man im Zusammenhang mit der hochtrabigen »Tennessee Walker«-Rasse auf die Spur gekommen. Diesen allzuoft brutal mißhandelten Pferden wird häufig der eigene Schwanz koupiert. Auf den verbliebenen Stummel wird dann ein künstlicher Schweif geschoben. Dieser aufrecht getrimmte Kunstschweif verleiht dem Pferd ein überaus erregtes, hochschweifiges Aussehen. Ersatzweise wird dem armen Tier bisweilen auch ein Stück Ingwer in den Anus eingeführt, um den gleichen Effekt zu erzielen. Die aus zahllosen Wildwestfilmen bekannte Redensart »Let's hightail it out of here«, was soviel bedeutet wie »Laßt uns hier mit erhobenem Schweif abhauen«, verliert unter solchen Umständen ein wenig von ihrer Unschuld.

Was signalisieren Pferde mit dem Hals?

Sein langer und kräftiger Hals ermöglicht es dem Pferd, seinen Kopf recht flexibel zu bewegen. So kann es mit Kopf und Hals verschiedene Signale aussenden, die bezeichnend für unterschiedliche Stimmungen sind. Einige dieser Bewegungsabläufe dienen dem Pferd in erster Linie dazu, sich sauber zu halten. So schüttelt es häufig kurz und kräftig seinen Hals, um Fliegen und andere Quälgeister, die sein Gesicht umschwirren und es plagen, aufzuscheuchen und möglichst zu verjagen. Dieses, den meisten von uns vertraute *Kopfschütteln* besteht in einer energischen Seitwärtsbewegung des Halses und läßt die Fliegen einer Wolke gleich aufwirbeln. Zwei weitere Signale sind das *Zurückwerfen* und das *Rucken* des Kopfes. Das eine ist eine kräftige Aufwärts-, das andere eine plötzliche Auf-und-Zurück-Bewegung. Wohl beide Bewegungen dienen wiederum in erster Linie dem körperlichen Wohlbefinden, haben aber zugleich eine kommunikative Funktion übernommen. Wann immer sich ein Pferd durch Aktivitäten seiner vier- oder zweibeinigen Kameraden irritiert fühlt, drückt es in der Regel seinen Verdruß und seine Frustration in einer Weise aus, als gelte es, lästige Fliegen abzuschütteln. Kopfschütteln, -zurückwerfen und -rucken sind zu Signalen geworden, die unabhängig von der Anwesenheit tatsächlicher Insekten den Zweck erfüllen, ganz generell Verärgerung anzuzeigen. Man kann dies vielleicht mit dem Hinterkopf-Kratzen eines mißgelaunten Menschen vergleichen. Wie das Pferd haben wir die Reaktion auf den ursprünglichen Juck- und Stör-Reflex in ein eindeutig verständliches Signal allgemeiner Verärgerung umgewandelt. Mitmenschen, die uns aufregen, belästigen uns zwar im allgemeinen nicht physisch am Kopf, unsere Kratzgeste jedoch erweckt den Anschein, als ob dies so wäre.

Zurückwerfen und Rucken sind nicht mit dem *Kopf-Verneigen* zu verwechseln. Hierbei duckt das Pferd mehrmals kurz hintereinander den Kopf, um in der Regel sein Gesichtsfeld zu erweitern und nahe Objekte besser in Augenschein zu nehmen. Das *Kopfwackeln* ist ein weiteres ganz eindeutiges Signal. Es wird ausgeführt, indem das Pferd die Nüster-Partie seitlich hin- und herschwenkt, wobei der obere Teil des Kopfes sich kaum bewegt. Diese Bewegung erweckt fast den Eindruck, als wolle sich das Pferd irgendwelche Bedenken aus dem Kopf schlagen. Dieses Signal bedeutet etwa: »Es kann losgehen.« Das Pferd wirkt in solchen Augenblicken beinahe, als wolle es sich selbst belobigen. Übrigens finden wir unter unseresgleichen ein in Ausführung und Bedeutung ähnliches keck-hochnäsiges Kopfdrehen.

Mit Vorwärtsbewegungen des Kopfes, etwa dem *Stoßen* und *Stupsen*, will das Pferd etwas erreichen. Im Gegensatz zu dem aggressiven, dem Beißen verwandten Kopfstoßen ist das Nasenstupsen bei geschlossenem Maul eine sanftere Aufforderung. Es bedeutet etwa: »Und was ist mit mir?« oder: »Komm, laß uns endlich anfangen.« Das Stupsen dient dem Pferd dazu, seine tierischen oder menschlichen Gefährten auf sich aufmerksam zu machen; bisweilen hat auch die Funktion echtes Unwohlsein oder gar Schmerz auszudrükken. Man sollte daher dieses Signal nie übergehen, sondern vielmehr seiner Ursache nachspüren.

Versucht ein Pferd einer Sache aus dem Weg zu gehen, so wendet es seinen Kopf demonstrativ weg von dem unliebsamen Etwas. Ein kurzes, einen Rückzug andeutendes Wegdrehen des Halses zeigt an, daß dem Tier ein körperlicher

Kontakt oder eine Aufdringlichkeit zuwider ist. Das *Kopfschlängeln,* ein seltsames Hin-und-her-Schwenken des Kopfes bei ausgestrecktem Hals, können wir beispielsweise beobachten, wenn ein Leithengst Probleme hat, seine umherwandernden Stuten zusammenzubringen. Der langgestreckte Hals und der Kopf, der mit diesem eine fast waagerechte Linie bildet, sollten ursprünglich eine Biß-Drohung übermitteln, aus dieser Kopf- und Halsstellung wurde im Zuge der Evolution eine symbolische Drohgebärde, die sich ritualisiert in den rhythmischen Bewegungen des *Kopfschlängelns* ausdrückt. Ein Hengst braucht daher lediglich diese Halsbewegung auszuführen, damit seine Stuten wissen, was er von ihnen verlangt.

Zuletzt sei noch auf einige seltenere und ziemlich verwirrende Halsbewegungen hingewiesen. Zu ihnen zählt das sonderbare *Halsdrehen.* Dabei wird der ganze Hals fortwährend

nach beiden Seiten hin»gewunden«. In der spielerischen Variante besagt dies soviel wie: »Ich möchte am liebsten in alle Richtungen gleichzeitig losstürmen.« In ernsteren Situationen hingegen symbolisiert es ein eher unglückliches »Ich will weg von hier«. Noch bedenklicher allerdings sind bestimmte völlig mechanische Halsbewegungen, die manche in engen Ställen gehaltene Pferde oft stundenlang aus Langeweile vollführen. Das einschlägig bekannte *Halswiegen* finden wir in ähnlicher Form auch bei Papageien oder anderen Käfigtieren, die sich vergeblich nach der Freiheit sehnen. Und das unablässige *Kopfkreisen* macht den Betrachter nahezu benommen. All diese eintönig wiederholten Hals- oder Kopfbewegungen offenbaren eindeutig, daß das Tier unter akuter Reizarmut leidet und sein Alltag dringend der Belebung bedarf. In freier Wildbahn hat man derartige Kopf- und Halsbewegungen noch nie beobachtet. Das allein müßte ausreichen, um uns auf die mißliche Lage der betroffenen Tiere aufmerksam zu machen.

Was signalisieren Pferde mit dem Körper?

Die Körperhaltung eines Pferdes sagt viel über seine innere Verfassung aus. Grundsätzlich gilt: Je aufrechter, größer und beeindruckender das Pferd dasteht, je höher es den Kopf trägt und je stolzer es den Schweif aufrichtet, desto erregter ist das Tier. Und umgekehrt: Läßt die Erregung des Pferdes nach oder ist es gar schläfrig, gelangweilt oder unterwürfig, geht die Anspannung in Kopf, Schweif und Körper zurück, so daß es kleiner wirkt. Diese mit dem ganzen Körper erzeugte »vertikale« Ausdrucksskala von »lebendig« bis »leblos« ist ein wesentlicher Bestandteil der Signalsprache des Pferdes und läßt sich bei allen Begegnungen von Artgenossen beobachten. Die anderen Pferde verstehen diese Signale und reagieren entsprechend. Wenn allerdings ein Pferd vor lauter Ungestüm im Galopp auf und davon stürmt, bedingen die für diese Gangart typischen Bewegungsabläufe ungeachtet aller Erregtheit eine gestrecktere, mehr »horizontale« Erscheinung.

Neben diesem von der Muskelanspannung abhängigen allgemeinen Körperausdruck gibt es noch drei weitere leicht verständliche Ganzkörper-Signale: die *Körpersperre*, den *Schulterrempler* und das *Hinterteilpräsentieren.*

Die Körpersperre ist charakteristisch für dominante Tiere, die einen Rivalen in seiner Bewegungsfreiheit einengen möchten. Sie stellt etwa eine Drohung dar und bedeutet etwa soviel wie: »Hier ist mein Revier.« Dabei stellt sich das betreffende Pferd quer vor das andere, um ihm den Weg zu versperren. Dieses befindet sich nun in einem Zwiespalt. Es hat die Wahl: Entweder versucht es seinen Willen durchzusetzen und sich den Durchgang zu erzwingen, oder aber es tritt friedlich auf der Stelle, dreht sich weg und nimmt Reißaus. Entscheidet es sich für den Rückzug, so erkennt es seine Unterlegenheit gleichsam offiziell an. Auch in diesem Fall treten symbolische Verhaltensweisen an die Stelle der tätlichen Auseinandersetzungen: Der Stärkere kann so seinen Status durch die bloße Körpersperre bekräftigen, und der Schwächere hat Gelegenheit, seine Unterlegenheit einzugestehen, ohne in einen Streit verwickelt zu werden. Die Gefahr, im realen Kampf eine Verletzung davonzutragen, wird somit vermieden, und zwar gleichermaßen im Interesse des stärkeren Tieres. In der freien Wildbahn nämlich entscheidet unter Umständen eine Verletzung darüber, ob es einem Tier gelingt, der Tötung durch ein Raubtier oder der Gefangennahme durch den Menschen zu entgehen. Daher zieht die Natur symbolische Auseinandersetzungen den körperlichen vor.

Der Schulterrempler ist eine gesteigerte Form der Körpersperre. Das drohende Tier zieht gleichsam die Schraube an und läßt es zum unmittelbaren Körperkontakt mit dem Rivalen kommen, indem es in ihn hineinläuft. Verfehlt der Schulterrempler seine einschüchternde Wirkung, so sind fast alle Möglichkeiten der Körpersprache erschöpft, und die Begegnung kann in einen echten Kampf ausarten. Allerdings bleibt das stets der letzte Ausweg.

Ein häufiger Anlaß für Einsprüche und Ordnungsrufe auf der Rennbahn ist der von einem Jockey absichtlich herbeigeführte Schulterrempler. Durch diese Taktik wird das gegnerische Pferd nicht nur äußerlich behindert, sondern auch vor allem psychologisch eingeschüchtert. Denn es reagiert auf solche Übergriffe wie auf das entsprechende Signal eines aggressiven, dominanten Tieres. Ein solcher Schulterrempler wirkt also viel nachhaltiger und verlangsamt das Pferd viel mehr, als man normalerweise erwarten würde. Beim Polo wird dies Rempeln aus eben diesen Gründen bewußt eingesetzt und als taktisches Mittel geduldet; ein gutes Polopferd rempelt bereitwillig jeden »Gegner« an und läßt sich selbst durch Schulterrempler Dritter nicht einschüchtern.

Das Hinterteilpräsentieren hat eher defensiven Charakter. Das Tier dreht sich um und zeigt dem Rivalen seine Rückenansicht. Diese vorsichtigere Form der Drohung besagt etwa: »Hör auf, mich zu ärgern, oder ich hau dir eine rein.« Eigentlich ist das Hinterteilzeigen das Sich-in-Stellung-Bringen zum rückwärtigen Tritt. Daraus wurde ein Warnsignal, das die Verhaltensforschung als »Intentions-Bewegung« bezeichnet. Die Geste offenbart die Absicht, es darauf ankommen zu lassen, falls der Kontrahent nicht rechtzeitig auf Distanz geht. Pferde begreifen die Bedeutung des Hinterteilzeigens sehr schnell und reagieren entsprechend. Auch dieses symbolische Verhalten dient der Vermeidung folgenreicher Tätlichkeiten.

Was signalisieren Pferde mit den Beinen?

Es gibt beim Pferd eine ganze Reihe von Beinsignalen, die uns über seinen jeweiligen Gemütszustand Auskunft geben. Eines davon ist das mit einem der beiden Vorderhufe ausgeführte *Bodenscharren*. Ursprünglich diente dieser Bewegungsablauf der Futtersuche und der Prüfung der Bodenbeschaffenheit. Daneben ist das Hufscharren ein Zeichen der Frustration, falls sich ein nach Bewegung drängendes Tier direkt oder indirekt behindert fühlt.

Mit dem *Vorderbeinheben* steht dem Pferd eine weitere, der geballten menschlichen Faust vergleichbare Drohgebärde zur Verfügung. Sie ist abgeleitet von der Frontalattacke, bei der zwei Hengste sich auf den Hinterbeinen aufrichten und mit den Vorderhufen aufeinander einschlagen.

Das *Hinterbeinheben* ist eine verstärkte Variante des Hinterteilzeigens und kommt zum Einsatz, falls dieses seine Wirkung verfehlt hat. Bisweilen weisen auch Stuten auf diese Weise allzu anhängliche Fohlen zurecht, falls diese etwa zur Unzeit bei der Mutter trinken wollen. In solchen Fällen hebt die Mutter mahnend das dem Kleinen nächste Hinterbein.

Beinpochen und *Beinstampfen* sind zwei andere dem Ausschlagen verwandte, freilich stark abgeschwächte Warnzeichen. Beim Beinpochen erzeugt das Pferd, indem es wiederholt vornehmlich mit einem der Hinterhufe auftritt, ein starkes trommelartiges Pochgeräusch. Das Stampfen bewirkt zwar ein ähnliches Geräusch, wird aber mit einem der Vorderbeine ausgeführt. Beide Bewegungen signalisieren einen milden Protest und sind etwa zu beobachten, wenn eine Stute sich durch ihr Fohlen belästigt fühlt oder wenn ein Reitpferd gegen seinen Willen zum Ausreiten gesattelt wird.

Wie andere Körpersignale auch, so richten sich die beschriebenen Beinbewegungen des Pferdes an seine tierischen *und* menschlichen Gefährten. Und diese lernen bewußt oder unbewußt sehr rasch, die Zeichen zu verstehen.

Wie ausdrucksstark ist das Gesicht eines Pferdes?

Pferde verfügen über eine ausgeprägte und differenzierte Körpersprache. Sie wird vermittelt durch Stellung und Bewegung von Ohren, Hals, Schweif und Beinen, aber auch durch den Gesichtsausdruck. Dieser ist zwar weit weniger ausgeprägt als beim Menschen, aber dennoch lassen sich aus dem Gesichtsausdruck eines Pferdes Rückschlüsse auf sein Befinden ziehen.

Den ersten, spezifischen Gesichtsausdruck, den man beim jungen Fohlen beobachten kann, nennen wir das *Maulschnappen.* Hierbei öffnet das Füllen das Maul, zieht die Lippen zurück und macht bei entblößten Zähnen die Kinnbacken auf und zu. Bisweilen stoßen die Zahnreihen aufeinander, ein andermal nicht. Falls die Zähne aufeinander prallen, verursachen sie ein klapperndes Geräusch, weshalb einige Autoren diesen Vorgang — in Abweichung von der üblichen Bedeutung dieses Begriffs — als *Zähneklappern* bezeichnen. Andere wiederum bezeichnen diese Aktivität als *Kieferschwenken* und heben das Öffnen und Schließen der Kinnbacken besonders hervor. Das Maulschnappen drückt Unterwürfigkeit aus und will besagen: »Ich bin nur ein kleines Fohlen, ich habe nichts Böses im Sinn, bitte, tu mir nicht weh.« Das junge Tier setzt die Gebärde gegenüber großen oder fremden Pferden ein. Ab dem dritten Lebensjahr verschwindet das Maulschnappen nahezu vollständig. Im Sozialleben der Pferde hat es also eindeutig die Funktion, die noch schwachen Füllen und die Ein- und Zweijährigen vor Angriffen erwachsener Tiere zu schützen.

Das seltsame Maulschnappen wirkt auf den ersten Blick fast aggressiv, so als wolle das Fohlen einen erwachsenen Artgenossen beißen. Pferde erliegen diesem menschlichen Irrtum jedoch nicht. Sie verstehen diese »Gebärde« vielmehr richtig als ein Symbol der Körperpflege und reagieren entsprechend. Zwei einander freundlich gesonnene Tiere pflegen sich oft gegenseitig, indem eines des andern Mähne oder Fell beknabbert. Solch wechselseitige Hilfe lassen sie sich allerdings nur angedeihen, wenn keine Spannung und Feindseligkeit zwischen ihnen herrscht. Das ritualisierte Maulschnappen als symbolischer Akt der Fellpflege hat deshalb eine höchst versöhnliche Bedeutung und bewahrt das Fohlen vor Angriffen älterer Tiere.

Preßt das Pferd seine Kiefer fest aufeinander, und bleckt es dabei die Zähne, so bedeutet dies etwas völlig anderes als das Maulschnappen. Dieses Signal ist eine echte Biß-Drohung, die eine Attacke ankündigt. Nicht selten ist sie bereits ausreichend, um einen Gegner einzuschüchtern. Fest zusammengepreßte Lippen zeigen eine zwar etwas weniger furchterregende, aber noch immer aggressive Stimmung an. Andere Formen der Anspannung, etwa Furcht, Angst und

Schmerzen, können ebenfalls ein Zusammenpressen der Lippen verursachen. Ein entspanntes Pferdemaul hingegen ist ein Zeichen der Friedfertigkeit oder der Erschöpfung. Schläfrige Pferde lassen häufig die Unterlippe kraftlos nach unten hängen.

An sexuell erregten Hengsten läßt sich vielfach das sogenannte *Flehmen-Gesicht* beobachten. Sobald ein Hengst den Urin der Stute riecht, wölbt er die Oberlippe auf und entblößt dabei Zähne und Zahnfleisch. Dann streckt er den Kopf nach vorne und saugt durch die Nüstern gierig die Luft ein. Diese Pose verrät sein außerordentliches Interesse an dem Duft der Stute. Seine gekräuselte Oberlippe hat in diesem Fall die Funktion, den Riechraum beziehungsweise die Schmeckfläche so zu vergrößern, daß das Tier den erregenden Geruch möglichst intensiv aufnehmen kann. Bisweilen können auch eigenartig riechende Chemikalien diese Reaktion bei Hengst und Stute auslösen. Manchmal verziehen Stuten die Maul- und Nüster-Partie auch in der beschriebenen Weise, wenn sie auf den Uringeruch eines anderen weiblichen Tiers reagieren. Deshalb ist es nicht ganz korrekt, diesen Gesichtsausdruck des Pferdes als *Hengst-Gesicht* zu bezeichnen. Im allgemeinen ist das *Flehmen-Gesicht* jedoch hauptsächlich bei Hengsten zu beobachten.

Ähnlich wie wir Menschen drücken auch Pferde Ekel und Abscheu aus, indem sie die Nüstern rümpfen, beziehungsweise Erregung und Anspannung, indem sie die Nüstern aufblähen. Die erweiterten Nüstern der Araberpferde erwecken daher den Eindruck steter Wachsamkeit und Erregtheit; sie sind jedoch eine Folge der Anpassung an die Atembedingungen der Wüste.

Bei Schmerz oder Erschöpfung haben Pferde für gewöhnlich die Augen geschlossen, weit aufgerissen dagegen bei Furcht, Schrecken und Wachsamkeit und halb geöffnet im Zustand der Entspanntheit und um Unterwürfigkeit zu signalisieren. Ein aggressives Pferd verdreht die Augen nach hinten, wobei die Augen leicht hervortreten und das Weiße deutlich sichtbar wird. Wenn man das Weiße im Auge eines Pferdes sehen kann, so ist dies jedoch noch lange nicht zwangsläufig ein Ausdruck der Verärgerung und Feindseligkeit. Oftmals drehen Pferde die Augäpfel seitlich nach hinten, weil es dort etwas für sie besonders Interessantes zu sehen gibt.

Wie gut können Pferde riechen?

Eines der hervorstechendsten Merkmale des Pferdekörpers ist der langgestreckte Kopf. Er birgt nicht nur die mächtigen Mahlzähne des Pferdes, sondern ebenso die ausgedehnten Nasenhöhlen. Sie bestehen aus mehreren in sich gewundenen Teilen und entsprechen in ihrer Oberfläche angeblich der gesamten Außenhaut des Tieres. Dem Menschen jedenfalls ist das Pferd in punkto Riechen haushoch überlegen. Im Gegensatz zu uns kann es auch relativ weit entfernte Geruchsquellen wahrnehmen.

Der Geruchssinn ist für wilde Pferde in mehrfacher Hinsicht bedeutsam. Sie müssen in der Lage sein, die Ausdünstung eines hungrigen Raubtiers zu erkennen, das ihnen auflauert oder sich an eine grasende Herde heranschleicht. Sie müssen imstande sein, oftmals entlegene Wasserstellen auszumachen, um zu überleben. Und Hengste schließlich müssen auch in einiger Entfernung befindliche rossige Stuten per Geruch wahrnehmen können.

Pferdehalter haben wiederholt beobachtet, wie selbst in Ställen eingeschlossene Hengste den unwiderstehlichen Geruch einer rossigen Stute erkennen, die — für sie nicht sichtbar — auf einer fernen Wiese weidet. Das »erotische« Riechvermögen des Hengstes reicht fast einen Kilometer weit. Hierbei hilft ihm das *Flehmen.* Es besteht darin, daß der Hengst die vom Stutenduft geschwängerte Luft tief in Nase und Rachen einzieht und dann seine Nüstern mit der nach oben geklappten Oberlippe verschließt. Dadurch wird der Geruch beziehungsweise Geschmack im Nasen- und Rachenraum festgehalten und ausgiebig darin verteilt. Am

Gaumendach befinden sich spezielle Vertiefungen, das sogenannte »vomeronasale oder Jacobsonsche Organ«, das eigens dazu da ist, tierische Duftstoffe (Pheromone) zu analysieren. Diese Pheromone teilen dem Hengst mit, in welchem physischen und psychischen Rossigkeits-Stadium sich die duftaussendende Stute befindet. Und sie erlauben dem Pferd auch, alle Artgenossen genau und persönlich zu erkennen und auseinanderzuhalten.

Wir können dieses Erkennen per Geruch beobachten, wann immer sich Pferde zum erstenmal begegnen. Stets darauf erpicht, miteinander ins »Gespräch« zu kommen, beschnüffeln sie sich sorgfältig. Größte Aufmerksamkeit wenden sie dabei dem Atem des Artgenossen zu. Nase an Nase gerückt, blasen sie sich wechselseitig ihren Atem sozusagen als persönliche Visitenkarte in die Nüstern. In den hochempfindlichen Nasenhöhlen wird der Geruch dann registriert, analysiert und danach im Gedächtnis gespeichert. Auf diese Art stellt sich ein Pferd einem »Kollegen« vor, und bei gegenseitigem Gefallen ist die Freundschaft besiegelt.

Einige Pferdehalter schwören darauf, sie hätten zu ihrem Pferd auf eben dieselbe Weise einen besonderen Zugang gefunden. Sie behaupten, nach dem Atemtausch zwischen dem Halter und seinem Pferd sei das Band zwischen beiden ungleich enger als zuvor, denn dabei werde gleichsam magisch ein tiefes, intimes Verhältnis begründet. Das mag stimmen, falls das betreffende Pferd seinem menschlichen Gefährten ohnehin freundlich zugetan ist und von diesem stets gut behandelt worden ist. Allerdings sei daran erinnert, daß das »nasale« Sich-Kennenlernen bei Wildpferden in freier Natur nicht notwendig der Auftakt einer dicken Freundschaft, sondern ebensogut einer aggressiven Rivalität sein kann. Entdeckt einer der beiden Schnüffler im Atem des andern den möglichen Rivalen, so dient das Riechen dazu, den anderen Artgenossen als Gegner zu erkennen und für immer in Erinnerung zu behalten. Für den sorgenden Pferdeliebhaber freilich stellt sich die Situation nicht. Er kann mit dem wechselseitigen Nasen-Blasen die gleiche Wirkung erzielen, wie wenn er den Kopf seines vierbeinigen Kameraden zärtlich umarmt.

Die Empfindsamkeit und Empfänglichkeit des Hengstes für den Geruch der rossigen Stute lenkt ihn von anderweitigen »Verpflichtungen« ab. Er hat anderes im Sinn, als Rennen zu gewinnen und gehörig zur großen Parade anzutreten. Sein Herr und Meister wird deshalb, falls notwendig, bestimmte Tricks anwenden, um die natürliche Reaktion des Tieres zu unterbinden. Am einfachsten ist es, dem Hengst stark riechende, aromatische Öle in die Nüstern zu reiben. Das überdeckt den Duft der Stute sowie die meisten anderen Gerüche und läßt den Hengst seine Liebesgefühle vergessen. Diese Methode kann allerdings bei Anwendung sehr kräftiger Substanzen oder bei unsachgemäßer Behandlung dem Tier Schmerzen zufügen und die empfindlichen Riechmembrane schädigen.

An Stuten, denen vorübergehend die Möglichkeit zum Sehen und Hören genommen wurde, hat sich gezeigt, daß Muttertiere ihre Abkömmlinge anhand des Geruchs erkennen und von anderen Jungtieren unterscheiden. Stimme und Erscheinung spielen gewiß auch eine Rolle als Erkennungs- bzw. Unterscheidungsmerkmale, doch in der Finsternis der Nacht etwa wird die Mutter ihr Fohlen ausschließlich anhand des Geruchs identifizieren. In freier Wildbahn sieht man Stuten ihre Kleinen oft Tag für Tag ausgiebig aufs neue beriechen. Das tun sie vermutlich, um sich über den sich im Zuge des Heranwachsens ständig leicht verändernden Eigengeruch des Fohlens »auf dem laufenden zu halten«.

Was den Geschmack anbelangt, zeigen Pferde ähnliche Reaktionen wie wir Menschen. Sie kennen die üblichen vier Geschmacksempfindungen: bitter, süß, salzig und sauer, wobei sie Bitteres weit besser vertragen als wir. Manches, was für uns unerträglich bitter ist, verspeisen sie mit Hochgenuß.

Bekanntlich können Pferde auch eine Vorliebe für Süßigkeiten entwickeln, vor allem für Zuckerwürfel und Pfefferminzbonbons. Da dies jedoch interessanterweise weniger für junge Tiere gilt, mögen vielleicht die älteren Süßes in erster Linie wegen der Zuwendung und Anerkennung, die in der Verabreichung kleiner Leckerbissen ihren Ausdruck finden.

Wie gut können Pferde sehen?

Das Auffallendste und Seltsamste am Auge des Pferdes ist seine Größe. Es ist immerhin doppelt so groß wie das menschliche, größer als das von Elefant und Wal und eines der größten im Tierreich überhaupt. Das Pferdeauge verfügt über eine besondere lichtverstärkende Schicht, die auch *tapetum lucidum* genannt wird. Sie reflektiert das auf die Netzhaut auftreffende Licht und ist die Ursache dafür, daß das Tier im Halbdunkel viel besser sehen kann als sein Reiter. Sie läßt übrigens das Pferdeauge dem Katzenauge vergleichbar bei Nacht »erglühen«.

Die großen Augen mit ihrer lichtreflektierenden Schicht führen zwangsläufig zu dem Schluß, das Pferd sei ein Nachttier. Wer schon einmal Zebras in der freien Wildbahn beobachtet hat, für den ist das nichts Neues, denn Zebraherden sind im tiefen Halbdunkel der Morgen- und Abenddämmerung ausgesprochen aktiv und finden sich unter diesen besonderen Lichtverhältnissen offensichtlich wesentlich besser zurecht als Menschen. Da wir das Pferd als solches kurzerhand mit unserem Hauspferd als einem Tagtier gleichsetzen, vergessen wir gerne diesen wesentlichen Aspekt in seinem ursprünglichen Leben. Reiter aber, die bereits einmal den Mut aufgebracht haben, mit ihrem Pferd in mondheller Nacht über ein Hindernis zu springen, bestätigen, daß das Pferd die betreffende Hürde ohne Schwierigkeiten bewältigt hat.

Die angeborene Nacht-Aktivität des Pferdes bedeutet aber keineswegs Inaktivität bei Tage. Im Gegenteil, das Pferd ist tagsüber noch aktiver als bei Nacht und folglich ein Tag- und Nachttier. Während der langen Wachphasen, gleich ob tags oder nachts, suchen seine Augen unablässig den Horizont nach einem möglichen Raubtier ab. Für diese Aufgabe, nämlich selbst winzige Bewegungen in der Ferne auszumachen, ist das Pferdeauge hervorragend »ausgerüstet«. Das gilt bis heute, obwohl das Pferd seit Generationen in einer Umwelt ohne Löwen lebt. Ein plötzlich am äußersten »Rand« seines Blickfelds aufwirbelndes Blatt Papier vermag es noch immer in Panik zu versetzen. Tiefverwurzelte Ängste sitzen eben fest.

Sein außerordentlich weites Blickfeld kommt dem Pferd bei der Beobachtung seiner Umgebung zugute. Der Umfang dieses Blickfeldes liegt zwischen 340 und 360 Grad; es gibt darin lediglich zwei tote Winkel unmittelbar vor und hinter dem Körper des Tieres. Daher ist es tunlichst zu vermeiden, sich einem Pferd, und sei es noch so fromm, aus einem dieser beiden Winkel zu nähern. Kommt ihm jemand ungesehen zu nahe oder wird es unversehens von einer unsichtbaren Hand gestreichelt, so kann es furchtbar erschrecken. Nähert man sich einem Pferd hingegen leicht seitlich, so sieht es einen deutlich.

Die Augen des Pferdes befinden sich zu beiden Seiten des Kopfes. Es kann deshalb nicht binocular und folglich dreidimensional sehen, sondern lediglich flach, so wie wir Menschen, wenn wir ein Auge schließen. Das Pferd nimmt weniger Details wahr als sein menschlicher Kamerad, dafür reagiert sein Auge weit empfindlicher auf Bewegungen.

Trotz seines vorwiegend seitlichen Blickwinkels ist das Pferd in der Lage, in begrenztem Umfang dreidimensional zu sehen, wenn es seinen Blick unmittelbar und starr nach vorne richtet. Wegen seines langen Kopfes kann es jedoch den Bereich zwei Meter vor seinem Körper nicht richtig einsehen. Deshalb springt das Pferd nahezu blind über Hürden, was Spring- und Hindernisreiter nicht gerade erfreuen wird.

Solange es sich der Hürde nähert, sieht es klar mit beiden Augen, doch im letzten Augenblick vor dem Sprung versperrt ihm sein eigener Kopf die Sicht. Es springt blind, einem Flugzeug vergleichbar, das eine Instrumentenlandung durchführt. Das Pferd sieht das Hindernis kommen, speichert die genauen Gegebenheiten in seinem Gedächtnis und »segelt« während des eigentlichen Springvorgangs blind durch die Luft. Wird das Pferd aber kurz vor dem Sprung durch irgend etwas abgelenkt, so kann es den Speichervorgang nicht mehr durchführen und springt mitten in das Hindernis, als habe es dieses gar nicht wahrgenommen. Bei Turnier-Pferden beobachten wir häufig, daß sie ihren Kopf etwas seitwärts drehen, um das Hindernis wenigstens mit einem Auge zu sehen und einzuschätzen. Wendet das Pferd jedoch seinen Kopf zu früh zur Seite, verliert es den ungemein wichtigen Überblick über die Tiefe der Hürde. Ohne diese Information kann das Tier die Entfernung zum Hindernis nicht richtig einschätzen und folglich den Sprung auch nicht entsprechend berechnen.

Lange Zeit über wurde den Pferden Farbenblindheit unterstellt. Das Gegenteil trifft zu, wenngleich ihre Farbwahrnehmung nicht so ausgeprägt wie beim Menschen ist. Neuere Untersuchungen haben gezeigt, daß Pferde besonders auf Gelb, Grün, Blau und am wenigsten auf Rot reagieren.

Bei starkem Lichteinfall verengen sich die Pupillen der Pferdeaugen. Es besteht hierbei allerdings ein auffallender Unterschied zum Menschen. Unsere kreisrunden Pupillen ziehen sich einfach zu einem kleinen schwarzen Punkt zusammen. Die Pupillen des Pferdes dagegen verengen sich zu schmalen *horizontalen* Schlitzen, während Katzenpupillen sich in der Vertikalen zusammenziehen. Dank dieser speziellen Adaption verengen sich die Pupillen des Pferdes zwar bei starker Lichteinstrahlung, in der Horizontalen wird sein Blickfeld durch diesen Vorgang jedoch nicht eingeschränkt.

Wie weit können Pferde mit Bestimmtheit sehen? Zwei

arabische Pferdefreunde haben nachgewiesen, daß ihre jeweiligen Tiere fähig waren, sie auf eine Distanz von über 400 Metern zu erkennen. Zweifler mögen anführen, wahrscheinlich hätten die Pferde lediglich charakteristische Bewegungen ihrer Besitzer wahrgenommen und keine Details. Doch wie auch immer, der Versuch untermauert erneut die erstaunliche Sehfähigkeit des Pferdes.

Wieviel Schlaf brauchen Pferde?

Das Schlafbedürfnis variiert zwischen den verschiedenen Tiergattungen ganz erheblich. Katzen etwa schlafen 16 Stunden täglich, Pferde dagegen weniger als drei. Katzen brauchen also doppelt soviel Schlaf wie wir, Pferde hingegen kaum mehr als ein Drittel unseres Quantums. Der Grund dafür: Die Katze ist ein Raub-, das Pferd ein Beutetier. Die wilden Vorfahren unserer heutigen »Stallpferde« wurden bei Tag und Nacht von Raubtieren gejagt. Folglich konnten sie es sich nicht leisten, ausgiebig zu schlafen, weil dies zu gefährlich gewesen wäre. Sie bevorzugten vielmehr lange Ruheperioden, ohne dabei wirklich einzuschlafen.

Eine sorgfältige Untersuchung hat ergeben, daß domestizierte Pferde den — 24 Stunden langen — Tag in der Regel wie folgt verbringen: 19¼ Stunden aufgeweckt und rege, zwei Stunden träge, aber wach, zwei Stunden in leichtem und eine ¾ Stunde in tiefem Schlaf. Die Schlafzeiten sind darüber hinaus in kurze Abschnitte unterteilt: der Tiefschlaf in

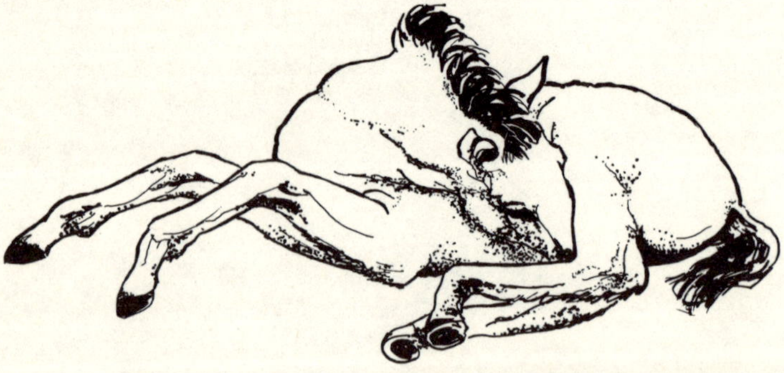

durchschnittlich neun Perioden von jeweils fünf Minuten und die zwei Stunden Leichtschlaf gar in 33 Nickerchen à dreieinhalb Minuten.

Im Gegensatz zu uns — und darin liegt das Geheimnis seines kurzen Schlafs begründet — kann das Pferd seinen Körper im Stehen erstaunlich gut entspannen. Es muß seine Kräfte nicht pausenlos für den zweibeinigen Balanceakt einsetzen, der uns dazu zwingt, jeden Tag acht Stunden zu liegen. Im Gegenteil, Fohlen und Hengste legen sich nur für zwei Stunden hin und erwachsene Stuten für noch kürzere Zeit. Denn beim Liegen drückt der schwere Pferdekörper gegen den Boden: Blutzirkulation und Atmung werden daher stärker beansprucht als im Stehen, und der Energieverbrauch steigt.

Wie ernähren sich Pferde?

Auf den ersten Blick erscheint das Freßverhalten des Pferdes problemlos und unkompliziert. Doch in Wahrheit herrschen darüber viele Mißverständnisse, denn kaum einem unserer Hauspferde ist es vergönnt, sich artgemäß zu ernähren. Da das oftmals unliebsame Folgen zeitigt, sollten wir unverbildete, wildlebende Pferde beim Fressen beobachten.

Sie nämlich widmen sich sage und schreibe rund 16 Stunden täglich der Nahrungsaufnahme, angefangen vom ersten Morgengrauen bis in die späten Abendstunden, ja selbst bis Mitternacht. Sie gehen dabei allmählich und wählerisch zu Werke. Mit ihren überaus flinken und beweglichen Lippen durchsuchen sie die Vegetation, wählen gezielt die Pflanzen aus, die ihnen schmecken, und lassen das übrige Grünzeug mit großem Geschick beiseite. Sie lieben Abwechslung und Vielfalt und fressen außer Gras, das ihre Hauptnahrung bildet, je nach Bedarf Blumen, Früchte, Beeren und Nüsse. In der Nähe von Gewässern lebend, wissen sie auch Wasserpflanzen zu schätzen, auf dürrem Land hingegen scharren sie im Boden nach Wurzeln, und bei niedrigem Graswuchs nehmen sie auch mit Blättern vorlieb. Läßt man ihnen also freie Wahl, bevorzugen sie eine abwechslungsreiche vegetarische Kost.

Pferde fressen aus gutem Grund viel langsamer als Rinder: Sie haben nur einen Magen, und dieser ist vergleichsweise klein. Kühe grasen ungefähr acht Stunden am Tag, sie schlingen ihr Futter geräuschvoll und rasch hinunter, um sich dann etwa genauso lange dem Wiederkäuen hinzugeben.

Hierbei befördern sie das Futter portionsweise vom Pansen in ihr Maul zurück und zermahlen es dort nochmals gründlich. Pferde dagegen knabbern das Futter ab, zerkauen es dann, schlucken und verdauen es. Sie mögen keinen leeren Magen und hören daher selten auf mit dem Fressen.

Seltsamerweise sind Pferde nicht in der Lage, zu erbrechen. Eine besondere Einweg-Vorrichtung verhindert, daß einmal Verspeistes wieder aus ihrem Magen hochkommt. Sie müssen deshalb ihr Futter ausgesprochen sorgsam und vorsichtig aussuchen, da sie Schlechtes und Giftiges nicht durch Erbrechen loswerden können. Niemand vermag diese Eigenheit zu erklären. Sie ist naturgegeben und macht die Nahrungsaufnahme für das Pferd gefährlich, sofern in seiner Umwelt viele giftige Pflanzen oder andere schädliche Stoffe vorkommen.

Wie verträgt sich nun das angeborene variantenreiche Freßverhalten des Pferdes mit dem vom Menschen verordneten Fütterungsrhythmus unserer Stallpferde? Schlecht, lautet die bündige Antwort. Gleich uns erhalten sie drei Mahlzeiten am Tag. Die restliche Zeit stehen sie herum und sind gezwungen, sich mit irgend etwas die Langeweile zu vertreiben. Gewiß erhalten sie von der Menge und vom Nährwert her gesehen ausreichend Futter, meist ist es hochkonzentriert und hochwertig; doch der psychisch-emotionale Aspekt der Nahrungsaufnahme kommt eindeutig zu kurz. Die Folgen sind nur allzu bekannt und werden dem Pferd ungerechterweise als »Untugenden« angelastet.

Frustrierte und gelangweilte Pferde knabbern die Futterkrippe an, schlucken Luft, schnalzen mit den Lippen, spielen mit der Zunge, fressen Mist sowie das Stroh ihres Lagers und ihre Decken, um nur die am weitesten verbreiteten Untugenden zu nennen. All dies tut das Stallpferd nur, um sich der fortwährenden Eintönigkeit seines Daseins zu erwehren, ein wenig Abwechslung in das dumpfe Herumstehen in kleinen, anödenden Ställen zu bringen und vor allem, um fehlende Bewegungs- und Weidemöglichkeiten zu kompensieren. Es ist widersinnig, Pferde zur raschen Nahrungsaufnahme zu »zwingen«. Sie haben nun einmal ihre genetisch programmierten Freßperioden von mindestens zwölf, möglichst sechzehn Stunden täglich, die sie ungeachtet der Menge und Güte des Futters fressend zubringen müßten. Von ihrer natürlichen Veranlagung her müssen sie den größten Teil ihres Lebens zur Aufnahme von nährstoffarmem und mit viel Ballast- und Faserstoffen vermengtem Futter verwenden. Das Verabreichen nährstoffreichen Futters, das sie schnell hinunterwürgen, läuft ihrer Natur zuwider. Viele Pferde reagieren darauf mit »Trocken-Fressen«: Sie nagen am Futtertrog und schlucken Luft, um ihrem Magen wenigstens das Gefühl vermeintlicher Völle zu geben, sie fressen Dung, um in ihr eintöniges Futter ein bißchen Abwechslung und zusätzliche Geschmacksvarianten zu bringen.

Glücklicherweise begegnen wir diesen Untugenden nur bei einer Minderzahl der Hauspferde, obwohl wir sie in nahezu jedem Stall antreffen. Irgendwie verstehen es unsere mit konzentriertem Futter vollgestopften Vierbeiner trotz allem, mit der unnatürlichen, aufgezwungenen Ernährungsweise fertigzuwerden. Aber ihr Drang, unentwegt zu grasen, bleibt unterschwellig bestehen. Er äußert sich bisweilen auf merkwürdige Art – zum Beispiel als Trägheit, »Arbeitsunwilligkeit«, Nervosität und Reizbarkeit der Tiere, und viele Probleme der Stallpferde gründen in der künstlichen Freßroutine, die ihnen aufgezwungen wird, selbst wenn diese Schwierigkeiten auf den ersten Blick nichts damit zu tun haben.

Pferde sind anpassungswillige Lebewesen. Sie setzen alles daran, mit der für sie verwunderlichen menschlichen Gewohnheit dreier handfester Mahlzeiten pro Tag zurechtzukommen. Vielleicht hat das auch sein Gutes, denn bei ständig freiem Zugriff auf Futter würden sie wohl kräftig an Gewicht zunehmen und eher rundbäuchigen Zebras gleichen als schlanken und eleganten Rassepferden. Unter natürlichen Lebensbedingungen haben Pferde alljährlich mit extremen Wetterperioden zu kämpfen; die einen mit klirrend-kalten Wintermonaten im Norden, andere mit sengenden Trokkenzeiten in heißen Gefilden. Selbst 16 Stunden am Tag reichen da nicht aus, genügend Futter zu finden, und es ist mit viel Mühsal verbunden, mit den Hufen Freßbares auszugraben, Rinde von den Bäumen zu knabbern und dergleichen mehr. Um solche mageren Zeiten zu überstehen, müssen Wildpferde dick sein, zu dick, um einem anspruchsvollen Pferdehalter zu gefallen, und erst recht, um einen Jockey zufriedenzustellen. Daher wird es um die artgemäße Ernährung unserer domestizierten Pferde wohl auch in Zukunft schlecht bestellt sein.

Allerdings läßt sich dieses Problem durch einige einfache Vorkehrungen entschärfen, etwa indem wir unseren Pferden nährstoffarmes Futter geben, an dem sie eine Weile zu knabbern haben. Oder indem wir das Futter in engmaschigen Netzen aufhängen, so daß das Tier stundenlang braucht, um es Happen für Happen zu ergattern. Es ist also durchaus möglich, Fütterungsmethoden zu finden, die auch dem Stallpferd ein wenig in seinem angeborenen Freßverhalten entgegenkommen. Wahrscheinlich hätte das eine nicht zu unterschätzende positive Auswirkung auf sein Wohlbefinden und seine Gemütslage.

Wie sieht das Gemeinschaftsleben der Pferde aus?

Pferde sind außerordentlich gesellige Lebewesen. Wie wir leiden sie unter Einsamkeit. Diesen Umstand ignorieren leider allzu viele Pferdehalter. Irrtümlich glauben sie, ihre eigene Anwesenheit und Kameradschaft genüge dem Pferd bereits. Jene hingegen, die sich ein wenig intensiver mit ihren Pferdegefährten befassen und einmal versuchsweise Hengste und Stuten zusammenleben lassen, entdecken freilich rasch, daß das die Lebenstüchtigkeit der Tiere fördert. Solche Tiere kommen besser mit Streß zurecht, begegnen fremder Umgebung gelassener und sind grundsätzlich ausgeglichener als ihre traditionell isoliert gehaltenen Artgenossen. Die weitverbreitete Befürchtung, in Gruppen gehaltene Pferde seien ständig in Rangkämpfe verwickelt, wird oft maßlos übertrieben. Freundschaft scheint unter Pferden mehr zu zählen als Vorherrschaft. Ein näherer Blick auf das soziale Verhalten wildlebender Pferde beweist das.

In der freien Natur lebt das Pferd in Verbänden von zwei bis einundzwanzig Tieren. Die Durchschnittsherde besteht aus drei bis sieben Pferden, einem erwachsenen Hengst, seinen Stuten und deren Fohlen. Pferde leben demnach von Natur aus in einer Haremsstruktur, wobei der jeweilige Hengst eifersüchtig darauf achtet, daß sich kein anderer geschlechtsreifer Hengst seinen Damen nähert. Die Stuten beschirmen ihre Fohlen während deren erstem Lebensjahr mit großer Umsicht. Im Jahr darauf, wenn die nächste Fohlengeneration das Licht der Welt erblickt, bekommen die Einjährigen, voran die männlichen, jedoch bald den Ernst des Lebens zu spüren. Der Hengst beginnt nun, sie anzugreifen, und im Alter von 18 Monaten müssen sie sich von der Herde trennen. Ihnen bleibt jetzt nichts übrig, als sich in sichere Entfernung zurückzuziehen und eine eigene Junggesellengruppe zu bilden. Manchmal verlassen auch weibliche Jungtiere den Verbund und schließen sich einer Jungschar an, doch dies eher, weil der Hengst sie links liegen läßt und im Vergleich zu seinen erwachsenen Stuten weniger dicht bei der Herde hält. Aus den neugebildeten Gruppen geht mit der Zeit ein »Boß« hervor, der sich seinerseits zum Haremsherrscher aufschwingt, eine Gruppe junger Stuten um sich versammelt und die übrigen Junghengste verjagt.

Heißsporne wagen bisweilen einen zweiten Weg. Sie fordern einen Hengst mit bestimmtem Harem heraus mit dem Ziel, die ganze Herde an seiner Stelle zu übernehmen, was immer zu schweren Kämpfen zwischen den beiden Rivalen führt. Gewöhnlich behält der angestammte Boß die Oberhand, außer er ist alt und schwach, verletzt oder krank. Dann muß er als Verlierer sich davonschleichen und seinen Harem dem Sieger überlassen.

In unserer Darstellung des dominanten Hengstes haben wir bewußt den Begriff »Leittier« beziehungsweise »Leithengst« vermieden, da der Hengst in Wahrheit seinen Stuten eher folgt als diese anführt. Er ist zwar der »Herr im Haus«, aber kein Tyrann, sondern der hart arbeitende Organisationsleiter der Gruppe. Die Entscheidung, wann und wohin die Herde zieht, liegt jedoch gemeinhin bei den Stuten. Sobald der Hengst sie aufbrechen sieht, folgt er ihnen nach, um sie im Auge zu behalten. Er kann nicht das Risiko eingehen, daß sie unbeaufsichtigt einem Rivalen begegnen und Gefallen an diesem finden. Eingehende Beobachtungen von Wildpferden haben die folgenden statistischen Zahlen ergeben:

Trabt ein Tier der Herde hinterdrein, so ist das in 73 Prozent aller Fälle der Hengst und nur in Ausnahmefällen ein anderes Tier der Gruppe.

Hie und da bestimmt der Nachwuchs die Marschrichtung. Hat etwas Unbekanntes ihre Neugier geweckt, stürmen die Fohlen häufig los, um es näher zu erkunden. Oftmals halten sie dabei plötzlich inne, warten, ob ein älteres Tier ihnen folgt, und lassen diesem dann den Vortritt. Somit lösen sie zwar den Aufbruch der Gruppe aus, jedoch ohne Gesichtsverlust für die Erwachsenen. Diese übernehmen die Idee der Jungen, können aber so tun, als wäre es die eigene.

In der Regel zieht der Hengst seinen Stuten willig und zufrieden hinterher. Gleich einem aufmerksamen Schäferhund ist er dabei freilich stets darauf bedacht, sie zusammenzuhalten. Er mag ihnen erlauben, sich als Gruppe ein wenig zu entfernen, jedoch nicht, sich aufzuteilen. Mit unübersehbarem Machtanspruch umkreist er sie: die Ohren flatternd, den Nacken stolz gestreckt, die Mähne schüttelnd. Seinen eigentlichen Auftritt als Haremsboß hat er, sobald ein anderer Hengst auftaucht. Dann, und nur dann, gebärdet er sich wie ein Tyrann und stellt sich kampfbereit zwischen seinen Damen und dem Rivalen in Position. Doch selbst in dieser Situation richtet sich seine Aggression ausschließlich gegen den Geschlechtsgenossen, wie er sich überhaupt meistens als treusorgendes und friedliches Familienoberhaupt gegenüber den Seinen erweist.

Das kann sich lediglich ändern, wenn zu viele Pferde auf engem Raum zusammenleben. Begegnungen mit Rivalen ereignen sich dann derart häufig, daß der Boß sich in ständiger Alarm- und Kampfesbereitschaft befindet. Nur wenn die Umstände dies erzwingen, wird er von einem »Nachfolger« zu einem echten, tonangebenden Führer, und nun folgen ihm in 77 Prozent aller beobachteten Fälle die Stuten nach.

Es kommt vor, daß die Stuten und Junggesellen dem Leithengst gegen einen Eindringling beistehen, obwohl er dies selten nötig hat. Auch können Stuten fremde Geschlechtsgenossinnen, die den Harem betreten wollen, verjagen. Ja, der Boß selbst zeigt solchen Damen bisweilen die kalte Schulter; vermutlich fühlt er sich mit seinem bestehenden Harem bereits vollauf ausgelastet und fürchtet, bei weiterem Zuwachs an Weiblichkeit außer Atem zu geraten und die Kontrolle zu verlieren.

Es wurde oft behauptet, innerhalb einer Herde bestehe eine strenge Hackordnung, ein festes System von Dominanz und Unterordnung, so daß jedes Tier stets genau seinen Platz in der Rangordnung gegenüber den Gefährten kenne. In einem starren, formalen Sinne trifft das jedoch nicht zu. Vielmehr ändern und wechseln die Rangordnungen je nach Situation und Zusammenhang ständig. Mal mag ein Tier dominant sein, mal unterlegen oder gleichberechtigt. Pferde schätzen freundschaftliche Beziehungen überaus hoch und können sehr enge Bindungen untereinander entwickeln, die die herkömmliche Hackordnung aufbrechen und komplexer machen. Mutter-Kind-, Bruder-Bruder- und Schwester-Schwester-Beziehungen sind häufig besonders stark und entziehen sich den üblichen Rangordnungsregeln. Das Ergebnis dieses wechselseitigen Übergreifens von Macht- und Herzensansprüchen ist eine soziale Struktur, die mehr auf Freundschaft und situationsbedingter Dominanz beruht als auf einer formal-rigiden Hackordnung.

Für Pferdebesitzer, die ihre Tiere in Gruppen halten, kommt diese Feststellung nicht überraschend. Sie wissen, daß Pferde, die mit ihresgleichen im Stall oder auf der Weide leben, schnell ausgesprochene Zu- oder Abneigungen gegenüber einzelnen Gefährten entwickeln. Das kann zu kleineren Buhlereien um Zuwendung und zu den verschiedensten Partnerschaften und Konstellationen führen. Zu echten Auseinandersetzungen aber kommt es nur auf zu engem Lebensraum, bei Überpopulation oder in Situationen, die zwangsläufig zu Meinungsverschiedenheiten führen. Nur in solch seltenen Fällen mögen Freundschaftsbande brüchig werden oder versagen.

Grundsätzlich ist das Pferd von seinem innersten Wesen her seinen Gefährten freundlich und kooperativ gesonnen. Es ist sanft und gutwillig, was es dem Menschen sehr erleichtert hat, das Pferd zu einem Haus- und Nutztier zu machen. Verfügte das Pferd nämlich über einen weniger sanftmütigen und geselligen Charakter, so hätte es seine zweibeinigen Kostgänger, Ausbeuter und Möchtegern-Reiter längst zum Teufel gejagt.

Wie zeigen Pferde einander ihre Zuneigung?

Wie viele Säugetiere drücken auch Pferde Gefallen und Zuneigung aus, indem sie sich gegenseitig säubern und reinhalten. So ist für die Stute die Körperpflege des Fohlens kaum weniger wichtig als das Säugen. Das vermittelt dem Kleinen das Gefühl der Ruhe, Sicherheit und der Mutterliebe. Und diese frühe Erfahrung von körperlicher und zugleich emotionaler Zuwendung prägt das Tier für sein ganzes Leben.

Unmittelbar nach der Geburt leckt die Mutterstute ihr Fohlenkind wohl eine halbe Stunde lang liebevoll und sorgfältig am ganzen Körper ab. Bald darauf wird das Ablecken nahezu vollständig durch ein vorsichtig knabberndes Beißen, das sogenannte »Fell-Kraulen«, ersetzt. Es hält das Fell in gutem, reichlichem Zustand, löst verfilzte Stellen, entfernt ausgefallenes Haar und abgestorbene Haut und öffnet verstopfte Poren, um das Schwitzen zu erleichtern. Ist das Fohlen einige Tage alt, beginnt es, seinerseits das Fell der Mutter zu beknabbern, allerdings nur kurz und hie und da. Das jüngste jemals dabei beobachtete Fohlen war gerade drei Tage alt, doch sowas ist eine Ausnahme. Zur Regel wird die gegenseitige Körperpflege ab dem Ende der ersten Woche; sie nimmt dann ständig zu und erreicht den Höhepunkt im Alter zwischen drei und vier Monaten. Besonders auf dieser Entwicklungsstufe säubern die Jungtiere sich auch manchmal gegenseitig das Fell, gelegentlich sogar mehrere Minuten lang.

Von Kindesbeinen daran gewöhnt, behalten Pferde die gegenseitige Körperpflege ein Leben lang bei. Unter wildlebenden Tieren ist die wechselseitige Pflege geradezu ein Indikator für die Art und den Grad der zwischen ihnen bestehenden freundschaftlichen Beziehungen. Je freundlicher zwei Pferde einander gesonnen sind, desto intensiver »kraulen« sie sich wechselseitig das Fell, je feindlicher, desto weniger sieht man sie bei dieser gemeinsamen Beschäftigung. Meist, das heißt in 62 Prozent aller belegten Fälle, ergreift das schwächere und rangniedrigere Tier gegenüber dem stärkeren die Initiative, während das dominante Tier fast immer darüber bestimmt, wann es »genug« ist.

Zu Anfang eines solchen Zärtlichkeitsaustausches beriechen sich beide Tiere. Darauf rücken sie — die Köpfe in entgegengesetzten Richtungen — dicht zusammen, so daß eines dem andern die Mähne beknabbern kann. Dieser Akt macht etwa 60 Prozent des ganzen Reinigungsvorgangs aus. Denn zum einen kann ein Pferd die eigene Mähne nicht erreichen, und zum andern braucht das lange, dichte Mähnenhaar mehr Pflege als das kürzere Fell. Nach der Mähne kommen die beiden Nackenseiten, dann die Schulterpartien und zuletzt der Rücken bis hin zum Schweifansatz an die Reihe; denn all diese Regionen sind ohne »fremde« Hilfe nur schwer zugänglich. Ein Pferd kann zwar seinen Rücken im Staub wälzen oder ihn an einem Zweig oder Baumstumpf reiben, doch das sind unzulängliche Ersatzmaßnahmen. Allein das feinabgestimmte Knabbern eines anderen Pferdes vermag wirklich die gewünschte und notwendige Pflege der heiklen Stellen zu besorgen.

Von Zeit zu Zeit lassen es die Tiere nicht bei der Pflege einer Körperseite bewenden; sie drehen sich um und wiederholen den Vorgang auf der anderen Seite, wobei sie erneut mit der Mähne beginnen. Eine derartige Ganzkörper-Pflege dauert bis zu einer halben Stunde, ist aber selten. 90 Prozent aller diesbezüglichen Aktionen nehmen nicht länger als drei Minuten in Anspruch. Die Häufigkeit variiert zudem je nach Jahreszeit. Am meisten gekrault wird im Frühling und Sommer: im Frühjahr, weil das Winterfell abgestoßen wird, im Sommer aus dem Bedürfnis nach Schatten. Durch die Hitze in friedlich ruhende, schattensuchende Gruppen zusammengetrieben, stecken die Tiere die Köpfe zusammen, wodurch sie zu wechselseitiger Körperpflege geradezu animiert werden.

Neben dem freundschaftlichen Fell-Kraulen kennen Pferde das wechselseitige Schweifschlagen, wenn sie von Insekten geplagt werden. An einem heißen, fliegenreichen Tag etwa stehen sie dicht beisammen und fahren den ihnen zunächst stehenden Artgenossen regelmäßig mit dem Schweif übers Gesicht. Studien haben bestätigt, daß in Herden lebende Pferde weit weniger unter Bremsenbissen leiden als isoliert gehaltene Pferde.

Sich gegenseitig zu pflegen und den Alltag zu erleichtern, ist für Pferde elementarer Ausdruck der Zuneigung. Sie »kraulen« sich daher auch dann wechselseitig das Fell, wenn es gar keiner Pflege bedarf. Diese körperbezogene Pflegehandlung hat im Laufe der Zeit die Bedeutung eines Freundschaftsbeweises angenommen. Ein Pferd empfindet folglich das Striegeln durch den Menschen nicht lediglich als Fellpflege, sondern als Zeichen der Zuneigung des Pflegenden. Daher sollte der Reiter sein Pferd stets selbst ausgiebig striegeln. Die Beziehung gewinnt dadurch an Vertrautheit, und das Pferd wird alles daran setzen, seinem Reiter, Pfleger und Freund beim gemeinsamen Ausritt Freude zu bereiten. Erhält das Tier dagegen seine Pflege vorwiegend durch einen Dritten, so bleibt das Verhältnis zum Reiter schwächer.

Da die Fellpflege in den Augen des Pferdes einen Freundschaftsbeweis darstellt, können wir uns diesen »Mechanismus« zunutze machen, um bei der Begegnung mit einem fremden Tier dessen Mißtrauen und Angst abzubauen. Zuerst bläst man dem Pferd zart den Atem in die Nüstern zum Zeichen der Begrüßung, dann krault man ihm die Mähne, indem man den Daumen und die übrigen Finger gleich den knabbernden Zähnen eines Artgenossen gegeneinander gekrümmt hält. Das zeigt dem Pferd viel deutlicher als das übliche Klopfen und Tätscheln, daß wir ihm freundlich gesonnen und um seine Freundschaft bemüht sind. Allerdings reagiert es darauf bisweilen unerwünscht heftig, indem es den Kopf weitestmöglich herumdreht und seinerseits versucht, uns seiner Freundschaft auf die gleiche Weise zu versichern. Unsere Kleider werden freilich nach einem solch überschäumenden Liebesbeweis kaum mehr ihr altes Aussehen haben.

Wie verhalten sich Pferde während der Paarungszeit?

Wenn im Frühjahr die Tage wieder länger werden, erreicht die Stute ihre höchste sexuelle Empfänglichkeit. Das zunehmende Tageslicht aktiviert die hormonelle Tätigkeit ihres Körpers, und so ist sie von März bis September grundsätzlich zur Paarung fähig. In dieser Zeit wird sie alle drei Wochen rossig, bis schließlich ein Paarungsakt zur Befruchtung führt. Die eigentliche Rosse dauert etwa fünf Tage; dabei kommt es am vierten Tag zum Eisprung. Domestizierte Stuten weichen gelegentlich ein wenig von diesem Rhythmus ab.

Das erste Anzeichen der Rossigkeit besteht in häufigerem Urinieren. Der Harn enthält nun zusätzliche Stoffe, darunter einen speziellen Duft, der den Hengst anzieht. Durch die rossig geschwängerte Luft erregt, verzieht nun der Hengst die Ober- und Unterlippe zu dem seltsamen *Flehmen*-Gesicht, von dem bereits weiter vorne die Rede war. Auf diese Weise vergrößert er seine Riechfläche.

Durch den erotischen Geruch animiert, beginnt der Hengst dann um die Stute zu werben. Infolge der gesteigerten Sexualhormon-Ausschüttung nehmen seine Nacken- und Schultermuskeln an Umfang zu, und er stellt eine Art »Macho«-Gehabe zur Schau. Um der Stute zu imponieren, wölbt er in ihrer Gegenwart protzend seinen Nacken, bläht stolz die Nüstern, wiehert auftrumpfend und hebt selbstbewußt den Schweif. In seltsam hochtrabenden Paradeschritten umtänzelt er die Angebetete; dies ist zugleich Ausdruck starken Begehrens und großer Furcht.

Und in der Tat hat er allen Grund auf der Hut zu sein. Nähert sich nämlich etwa ein unerfahrener Junghengst der Stute zu hastig von hinten, so kann sie ohne Vorwarnung wild — ja ernste Verletzungen verursachend — ausschlagen. Ein älterer Hengst hat gelernt, sich der Stute mit Bedacht zu nähern und ihre Reaktion auf sein Werben genau zu beobachten.

Stuten, die noch nicht voll rossig sind, lassen den Verehrer oftmals bewußt auflaufen. Sie locken den Hengst mit ihrem Duft, mit aufreizendem Gang, verheißungsvollem Still-Stehen und zwinkerndem Blick, um dann, wenn er sich voll heißer Erwartung herandrängt, mit einem Mal einen abweisenden hohen Laut auszustoßen und nach ihm auszuschlagen.

Hat sich der Freier vergewissert, daß die Herzensdame ruhig bleibt, versucht er auf Hautkontakt zu gehen. Vorsichtig beginnt er sie vom Nacken aus zu den Hinterflanken hin zu erregen: »krault« ihr liebevoll das Fell, streichelt und stupst sie sanft mit der Nase. Erst wenn sie diese Zärtlichkeiten hin- und annimmt, wagt er der Stute Hinterteil, Schweif und Hinterbeine zu beriechen, zu belecken und zu beknabbern. Gelegentlich reibt er auch seine Schultern an ihren Hinterbacken.

Je rossiger die Stute ist, desto mehr signalisiert sie dem Hengst ihrerseits Bereitschaft, indem sie die Vulvalippen kurz öffnet. Das Aufblitzen der rosafarbenen Innenflächen der Scham reizt den Hengst zusätzlich. Steht die Stute nun mit steifem Rücken und seitlich hochgehobenem Schweif ohne ein Zeichen der Aggression aufnahmebereit still, so überwindet der Hengst seine Angst, bekommt eine Erektion und versucht die Stute von hinten zu besteigen. Es mag ihm nicht immer beim ersten Sprung gelingen, seinen großen, etwa 50 Zentimeter langen Penis, in der Fachsprache »Schlauch« genannt, einzuführen. Doch im Erfolgsfalle ist die Paarung binnen Sekunden vollzogen. Die Dauer des eigentlichen Deckakts variiert wahrscheinlich von Rasse zu Rasse, und als Erfahrungswerte werden 12 bis 26 Sekunden,

14 bis 43 Sekunden oder 5 bis 60 Sekunden genannt. Die typische Kopulation besteht aus sieben raschen Becken-Stößen des Hengstes und einer Ejakulation innerhalb von nur 16 Sekunden nach Einführung des Penis. Ejakuliert dann der Hengst mit sechs bis acht Samenausstößen, hebt und senkt sich sein Schweif, hervorgerufen durch die Muskelkontraktion der Harnröhre. Das zeigt dem Pferdezüchter an, daß die Stute den Samen empfängt und wahrscheinlich befruchtet wird. Etwa dreißig Sekunden nach dem Höhepunkt verläßt der Hengst seine Partnerin, binnen einer weiteren halben Minute zieht sich sein erschlaffter Phallus zurück, und dann trabt der Held zur Stärkung auf die Weide.

In seltenen Fällen ist die Stute die Aktive und geht von sich aus den Hengst an. Sie lockt mit ihrem Hinterteil, hebt auffordernd den Schweif zur Seite, schmiegt sich verlangend an ihn, »krault« ihn und leckt bisweilen gar seine futteralartige Vorhaut. Manchmal erwidert der Herr ihr Begehren, mitunter hat er bereits sein Soll erfüllt und zeigt kein weiteres Interesse. Ein normaler Hengst schafft bis zu drei Beschä-

lungen täglich; danach bleiben selbst die Verführungskünste einer eifrig buhlenden Stute meist ohne Erfolg. Man hat allerdings auch schon einmal einen extrem vitalen im Freien gehaltenen Hengst dabei beobachtet, wie er an einem einzigen Tag drei verschiedene Stuten je zweimal beglückte. Doch das ist eine seltene Ausnahme.

Der Deckakt der Pferde erscheint im Vergleich zu dem vieler anderer Tierarten, um nur die Hunde zu nennen, recht kurz. Allein für Wildpferde hat das Geheimnis des Überlebens von jeher ganz wesentlich darin bestanden, immer wachsam und fluchtbereit zu sein. Ein ausgedehnter Paarungsakt hätte sich deswegen nachteilig für sie ausgewirkt. Als Beute- und Fluchttier mußte das Pferd selbst das leidenschaftlichste Geschehen seines Lebens möglichst kurz halten. Vermutlich erklärt dies auch den mächtigen Phallus des Hengstes; er ermöglicht eine außerordentlich intensive Stimulation, die eine nahezu sofortige Ejakulation auslöst.

Gibt es bei Pferden Rassenvorurteile?

Die Frage, ob Pferde »Rassenvorurteile« haben, mag verwundern. Doch sie ist berechtigt, denn in der Tat paaren sich manche Hengste nur mit Stuten einer bestimmten Fellfarbe, andersfarbige dagegen ignorieren oder verschmähen sie gar.

Eine eingehende Studie freilebender amerikanischer Pferde hat ergeben, daß manche Hengste ihren Harem gezielt nach der Farbe des Fells zusammenstellen. Der eine bevorzugt etwa falbfarbene Gespielinnen, der andere braune, und ein dritter steht auf Apfelschimmel. Vermutlich – gesicherte Erkenntnisse hierüber gibt es bislang nicht – liegt der Grund für dieses Verhalten in der Prägung des Hengstes durch die Fellfarbe seiner Mutter. Als kleines hilfloses Fohlen folgt er dem Muttertier auf Schritt und Tritt und entwikkelt somit eine Farbfixierung, die er in bezug auf seine Paarungspartnerinnen ein Leben lang beibehält.

Der »Farbfetischismus« bei Hengsten wäre lediglich von theoretisch-wissenschaftlichem Interesse, würde ihre Vorliebe nicht die Pferdezucht im Alltag berühren. Von einem sündteuren Champion-Deckhengst erwartet man einfach, daß ihn jede Rassestute anmacht. Doch hin und wieder weigern sich bestimmte Hengste zur Verwunderung ihrer Besitzer einfach, ihrer Pflicht nachzukommen. Ein Trick hilft dem Hengst in solchen Fällen häufig auf die Sprünge: Man »verkleidet« die in den Augen des Hengstes unansehnliche Stute vor dem Beschälen mit einer großen Decke, die farblich dem Fell seiner Mutter entspricht.

Der berühmteste »Rassist«, berüchtigt für seinen wählerischen Farbgeschmack, hieß »Little Cloud«, ein Deckhengst der Spitzenklasse und seinerseits Sohn eines Derby-Siegers. Little Cloud war partout nicht dazu zu bewegen, graue Stuten zu beglücken, es sei denn, sie wurden zuvor entsprechend »getarnt«.

Solche Verschleierungsmaßnahmen lassen sich in Stall und Gestüt einfach durchführen. Das gleiche gilt für Vorkehrungen, die dazu dienen, den wertvollen Deckhengst vor bösen und womöglich seine Brust verletzenden Tritten der Stute zu schützen. Man läßt das Liebesspiel, also den für den Helden gefährlichen Teil der Paarung, durch einen »gemeinen Wald- und Wiesenhengst«, einen sogenannten »Probierhengst«, besorgen. Er hat die Stute soweit zu erregen, bis sie für den eigentlichen Beschäler aufnahmebereit ist und still dasteht. Erst dann wird dieser zu ihr vorgelassen und veranlaßt, sie ohne Umschweife zu besteigen. Bestehen auch nur die leisesten Anzeichen für ein Ausschlagen der Stute, werden an ihren Hinterbeinen große weiche Schoner befestigt oder die Vorderbeine zusammengebunden. Die erste der genannten Maßnahmen mildert einen möglichen Tritt, die zweite liefert sie dem Hengst vollkommen wehrlos aus. Entgegen weitverbreiteter Ansicht ist also ein berühmter Zuchthengst in punkto Liebesleben nicht zu beneiden. Freilebende Gefährten »niederen Standes« haben es da weit besser als ein so verwöhnter — und gräßlich verzogener — Champion.

Wie verhält sich die Stute gegenüber ihrem neugeborenen Fohlen?

Gegen Ende der Trächtigkeit wird die Stute zunehmend unruhig, ein klares Zeichen für die unmittelbar bevorstehende Niederkunft. Ihre Unrast ist nicht allein eine Folge körperlicher Beschwernis, sondern auch psychologischer Natur. Denn sie hat guten Grund sich zu sorgen: Sie wird nun verletzbar und hilflos wie niemals sonst in ihrem Leben. Für eine heißgeliebte und wohlumsorgte domestizierte Stute ist eine reale Gefährdung zwar nicht mehr gegeben, doch noch immer spricht die wildlebende »Ahnfrau« in ihr und mahnt sie zu größter Vorsicht vor den hungrigen Raubtieren, für die eine fohlende wilde Stute leichte Beute ist.

Wegen der genannten Gefahren hat das weibliche Pferd die bemerkenswerte, bisher nicht eindeutig erklärbare Fähigkeit entwickelt, den Zeitpunkt der Niederkunft so zu bestimmen, daß es allein ist und Dunkelheit herrscht. Mehr als 90 Prozent aller Pferdegeburten ereignen sich mitten in der Nacht und — falls es sich um eine in einer Herde gehaltenen Stute handelt — abseits der Gruppe. Wann immer möglich, wird das Muttertier zudem einen feuchten oder sumpfigen Ort zum Gebären suchen. Domestizierte Stuten, die auf einem Gelände mit einem See darin leben, ertränken gelegentlich ihr Fohlen, weil sie versehentlich direkt ins Wasser fohlen. In der Wildnis machen feuchte Geburtsplätze wahrscheinlich einen Sinn; sie gewähren — in Grenzen — Tarnung und Schutz sowie leichten Zugang zum Trinkwasser.

Da die Stute von Natur aus beim Fohlen allein sein will, empfindet sie die Anwesenheit menschlicher Helfer als störend. Sie hat deshalb eine Methode entwickelt, sich unserer aufdringlichen Hilfsbereitschaft, auf die sie überdies selten angewiesen ist, zu entziehen. Sie hält die Wehen zurück und wartet den rechten Augenblick ab. Dieser Augenblick ist just dann gekommen, wenn die Zuschauer sich in der vermeintlichen Gewißheit, die Niederkunft brauche noch geraume Zeit, auf einen wärmenden Drink zurückziehen. Es ist demnach kein unglücklicher Zufall, wenn wir das große Ereignis versäumen, vielmehr das beabsichtigte Ergebnis der auf Intimität erpichten fohlenden Stute.

In der freien Wildbahn vermag eine Geburt andere hochträchtige Stuten ebenfalls zu baldigem Fohlen zu animieren. Offenbar können Stuten den Zeitpunkt der Wehen nicht nur hinauszögern, sondern auch etwas beschleunigen. Eine genaue Tragezeit anzugeben, ist daher bei Pferden schwierig. Bei wildlebenden Tieren hat man zwischen 336 und 392 Tagen gezählt, bei Stallpferden dauert die Trächtigkeit für gewöhnlich zwischen 340 und 350 Tagen.

Unmittelbar vor Beginn der Wehen dreht die Stute plötzlich den Kopf nach hinten, um ihre Flanken zu inspizieren, wahrscheinlich durch die ungewohnt eigenartigen Gefühle veranlaßt, die von dort her ausstrahlen. Sie stampft auf den Boden, fängt zu schwitzen an, geht unruhig auf und ab, legt sich hin und steht wieder auf. Bisweilen stößt sie mit den Hinterbeinen gegen ihren Bauch, als irritiere sie die darin anwachsende Spannung. Endlich legt sie sich nieder, und die Wehen beginnen. Zuerst erscheint die ballonartige, gelbliche Wasserblase, die den embryonalen Harn enthält und den Geburtsweg weitet. Danach werden die der menschlichen Fruchtblase vergleichbaren Eihäute sichtbar, die den Fötus umgeben. Die zunehmenden Scheidenkontraktionen lassen die Wasserblase aufplatzen. Die Stute wird durch die herausquellende Flüssigkeit angezogen und beriecht sie intensiv mit nach oben gekräuselten Lippen, was ihrem Gesicht den Flehmenausdruck des Hengstes verleiht.

Mit den Vorderbeinen voraus wird das kleine Fohlen aus dem Mutterleib entlassen. Die ganze Geburt ist meist ein Vorgang weniger Minuten. Von Raubtieren bedrohte Tiere wie das Wildpferd können sich nicht erlauben, lange beim Gebären zu verweilen oder hinterher ausgiebig auszuruhen; andernfalls hätten sie es schwerlich geschafft, über die Jahrtausende als Art zu überleben.

Kaum auf der Welt, hat das Fohlen die Augen bereits weit geöffnet und versucht den Kopf zu heben. Noch liegend dreht sich die Mutter nach ihrem Kind um und liebkost es von Nase zu Nase, verbunden mit einem zarten, begrüßenden Wiehern, dem das Fohlen hie und da antwortet. Die emotionale Bindung zwischen Mutter und Kind nimmt ihren Anfang.

Nach einer Weile erhebt sich die Stute, wobei die Nabelschnur und damit die letzte direkte körperliche Verbindung zwischen Mutter und Kind zerreißt. Sie leckt Mäulchen und Nase des Kleinen, reinigt seine Nüstern und erleichtert ihm somit das Atmen. Das Fohlen reagiert mit saugenden Mundbewegungen. Diese erste Aktion, die dem späteren Saugen entspricht, ist übrigens den Neugeborenen aller Säugetiere gemein. Doch bevor die Stute ein begieriges Trinken des Fohlens zuläßt, säubert sie den ganzen Körper des Neulings, indem sie sein Fell ausgiebig leckt und »krault«. Versucht das Fohlen aufzustehen, hält sie es nieder, bis die Arbeit getan ist und sie seinen Geruch — wie bereits den des Fruchtwassers — intensiv aufgenommen hat. An seiner ureigenen Ausdünstung kann sie künftig ihren Sprößling selbst bei Nacht erkennen und von anderen Jungtieren unterscheiden.

Im Zusammenhang mit der Geburt eines Fohlens begehen übereifrige Pferdehalter oft zwei Fehler. Einmal schneiden sie die Nabelschnur durch, zum andern reiben sie das Junge trocken, beides Hilfeleistungen, mit denen sie allenfalls

Schaden anrichten. Die Mutter läßt sich aus triftigem Grund nach der Niederkunft ein wenig Zeit mit dem Aufstehen und folglich auch mit dem Zerreißen der Nabelschnur. Die Nabelschnur soll auf natürliche Weise erst abreißen, wenn kein Blut mehr durch ihre Gefäße fließt. Das Fohlen wird sonst in der Phase des Übergangs zur Lungenatmung zu früh von der fötalen Blutversorgung abgeschnitten. Und wie bereits ausgeführt, wird die Mutter im Zuge des Trockenleckens vertraut mit dem Geruch ihres Fohlen, was nicht zuletzt ihr Muttergefühl stärkt. In vielen Fällen, in denen die Stute ihr Fohlen abweist, liegt dieses Verhalten in dem Umstand begründet, daß der naturgegebene Annäherungsprozeß zwischen Mutter und Kind aus Unwissenheit gestört wurde.

Der eigentliche Geburtsvorgang dauert zwischen einigen Minuten und einer dreiviertel Stunde, was jedoch außergewöhnlich lang ist. Etwa 15 Minuten nach der Geburt

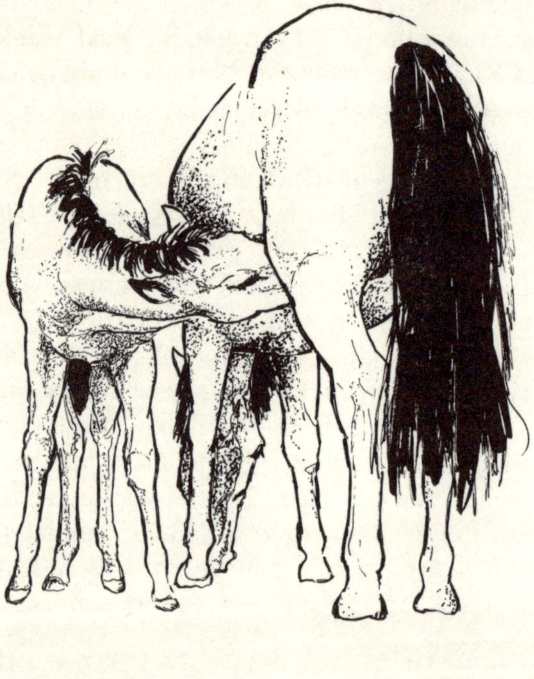

versucht das Fohlen, mit dem Vorderkörper voran auf die Beine zu kommen. Binnen 25 Minuten kann es binokular sehen, und nach 40 Minuten vermag es bereits auf Geräusche gezielt zu reagieren. Nach Auskunft einer Studie, in deren Verlauf einige hundert Fohlen unter diesem Gesichtspunkt beobachtet wurden, stehen die Kleinen durchschnittlich zirka 75 Minuten nach der Niederkunft auf ihren zittrigen Beinchen. Einige bewerkstelligen das bereits vor Ablauf einer Stunde, andere brauchen dafür deren zwei. Das erste Säugen, bei dem das Kleine die mit lebenswichtigen Abwehrstoffen angereicherte und nur während der ersten 24 bis 36 Stunden nach der Geburt vorhandene Kolostralmilch erhält, geschieht im Durchschnitt nach 111 Minuten. Wiederum sind einige Fohlen »frühreif« und trinken schon nach einer halben Stunde. Hat der Neuankömmling die Muttermilch erst einmal gekostet, so saugt er während der folgenden Stunden immer wieder, in Intervallen von zehn bis dreißig Minuten. Fohlen haben keinen großen Magen und bevorzugen daher häufige, aber kleinere Mahlzeiten.

In den ersten Lebenstagen hält sich das Fohlen dicht bei der Mutter, und die Stute ihrerseits vertreibt für gewöhnlich allzu neugierige Artgenossen. Sie säugt das Fohlen neun bis zwölf Monate lang, höchstens jedoch, bis sie erneut fohlt. Dann allerdings verweigert sie sich dem älteren Fohlen recht abrupt um des Neugeborenen willen.

Wie verläuft die Entwicklung des Fohlens?

Im Vergleich zu unseren Babys entwickeln sich die kleinen Pferdekinder ungemein schnell. Bereits am Tag nach ihrer Geburt können sie nicht nur sehen, hören, säugen, stehen, gehen und ihre Notdurft verrichten, sondern auch ihrer Mutter folgen, wiehern, traben, in leichtem und vollem Galopp laufen, spielen, mit dem Schweif Fliegen vertreiben, sich auf dem Boden wälzen, sich kratzen und das Fellchen »kraulen«, ja selbst schwimmen.

Während des ersten Monats ihres Lebens sind kleine Pferde außerordentlich neugierig und verspielt. Soweit es die Mutter erlaubt, die wegen der drohenden Gefahren ihren Sprößling ständig im Auge behält, erkundet dieser die Welt um sich herum. Die Milchzähne brechen durch, und das Fohlen beginnt erste Gräser und Kräuter abzuzupfen. Es sucht insbesondere nach frischem Dung der Artgenossen und frißt ein wenig davon. Dies uns anormal erscheinende Verhalten ist natürlich und wichtig, weil es dem Fohlendarm Bakterien zuführt, die für die spätere Verdauung von Bedeutung sind. Das Fohlen schläft und ruht sich ausgiebig aus, etwa 30 Minuten jede Stunde, zwei Drittel davon liegend. Bis zum Alter von sechs Monaten halbieren sich die Ruhezeiten, wobei das Junge jetzt meist steht und nur noch etwa fünf Minuten pro Stunde liegend zubringt.

Während die Ruhephasen allmählich kürzer werden, fängt das Fohlen nun an, immer größere Teile des Tages grasend zu verbringen. Ein viermonatiges Fohlen grast pro Tag insgesamt etwa vier, ein einjähriges bereits bis zu neun Stunden. (Noch präziser gesagt: Das vier Monate alte Fohlen grast im Schnitt 16, das einjährige 44 Minuten pro Stunde.)

Im Laufe des ersten Lebensjahres wird das Fohlen mit den Regeln des Zusammenlebens vertraut. Wächst es in einer Gruppe auf, so weiß es mit etwa zwei Monaten, daß es selbst ein Pferd ist. Wird das Kleine dagegen bis dahin ausschließlich in menschlicher Gesellschaft gehalten und sieht es nun erstmals einen Artgenossen, sucht es verängstigt den Schutz seiner zweibeinigen Gefährten. Das heißt, mit zwei Monaten ist bei Pferden das Gefühl der »Artzugehörigkeit« unwiderruflich geprägt. Möchte man daher ein Hauspferd mit Erfolg an sein Doppelleben mit dem Menschen und seinesgleichen gewöhnen, so kann man ein Jungtier während der ersten acht Lebenswochen mit beiden »Arten« gar nicht oft genug zusammenkommen lassen.

Im Alter von sechs bis acht Monaten durchlaufen Fohlen, die gemeinsam mit kleinen Artgenossen gehalten werden, die wichtige Phase spielerischen sozialen Verhaltens. Unter anderem liefern sie sich Scheinkämpfe, wobei sie sich auf die Hinterbeine stellen, ausschlagen, beißen, treten und gegenseitig jagen. Dabei handelt es sich jedoch um Kämpfe, die nie

böse und ernst gemeint sind und vielfach durch freundschaftliches Fellkraulen unterbrochen werden. Junghengste sind weit häufiger in derlei Raufereien verwickelt als Pferdemädchen, wie sie überhaupt schon sehr früh sichtbar den späteren Mann hervorkehren. Bereits in den ersten Lebenswochen versuchen sie andere Pferde, oftmals die Mutter, andeutungsweise zu besteigen, immerhin durchschnittlich alle fünf Stunden einmal.

Gelegentlich beziehen die Teenager auch erwachsene Tiere in ihr Spiel mit ein. Stuten mögen das weniger und verscheuchen zumindest fremde Fohlen. Hengste sind demgegenüber erstaunlich gutmütig und erlauben den ausgelassenen Jungtieren Beißerchen in Mähne und Beine sowie spielerische Angriffe. Mit fortschreitendem Alter der Fohlen freilich ändert sich die Einstellung der Hengste. Nehmen sie von Ein- und selbst Zweijährigen noch gewisse Grobheiten und Possen hin, so hört der Spaß bei Dreijährigen auf und schlägt in Ernst um. Nähert sich jetzt ein Junghengst einer Stute in Liebesabsichten, so wird er vom Haremsherrn wütend vertrieben und gezwungen, sich in unterwürfiger Haltung am Rande der Herde aufzuhalten. Der Junghengst unterliegt nun den Regeln und Zwängen der Erwachsenen-Hierarchie.

Pferde werden bereits mit drei Jahren geschlechtsreif; sexuell voll entwickelt sind sie allerdings erst mit fünf Jahren. Für wildlebende Junghengste ist nun die Zeit gekommen, sich einen eigenen Harem zuzulegen. Sie müssen allerdings noch immer mit dem Widerstand älterer und erfahrener »Kollegen« rechnen. Von Jahr zu Jahr jedoch wächst ihre Chance, aus einem Kampf als Sieger hervorzugehen und diese dominante Stellung zu behaupten, bis eines Tages ihre Kräfte nach und nach schwinden. Hengste sind bis in ihre zwanziger Jahre hinein zeugungsfähig, aber ihre Fruchtbarkeit läßt schon ab dem zehnten bis fünfzehnten Lebensjahr langsam nach.

Wie alt können Pferde werden?

Rassepferde werden im Schnitt etwa zwanzig Jahre alt, aus einer Kreuzung hervorgegangene Pferde hingegen ein wenig älter. Eine einfache, allerdings nur überschlägige Tabelle zeigt die Relation zwischen den verschiedenen Lebensaltern des Menschen und des Pferdes:

Lebensalter des Menschen	*Lebensalter des Pferdes*
20	5
40	10
50	15
60	20
70	25
80	30
90	35

Ein Arbeitspferd gilt etwa mit 17 Jahren als alt. Zuerst läßt die Kraft in seinen Beinen nach, dann bekommt es graue Haare im Gesicht, vor allem um Maul und Augen, die Mulden oberhalb der Augen vertiefen sich, die Lider werden faltig, und die Lippen erschlaffen und hängen herunter. Der Rücken biegt sich zusehends durch, und der Gang wird steifer.

Einige Pferde übertreffen die durchschnittliche Lebenserwartung ihrer Art in erstaunlichem Maße. Der Weltrekord liegt bei 62 Jahren und wird gehalten von *Old Billy*, der von 1760 bis 1822 sein Dasein fristete. *Old Billy* war ein Mischling und ging angeblich noch im biblischen Pferdealter von

59 Jahren seiner Tätigkeit als Schlepper von Kanalbooten im englischen Lancashire nach. Größere Boote werden das freilich kaum mehr gewesen sein, zieht man in Betracht, was ein mit 150 Jahren vergleichbar alter Mensch an schwerer Arbeit noch zu tun imstande wäre. *Old Billy* war entweder das außergewöhnlichste Pferd aller Zeiten, oder aber es hat zwei *Old Billys* gegeben, die die Legende zu *einem* Pferde-Methusalem verschmolzen hat, was sich in jenen Tagen zuweilen zugetragen haben soll.

Das älteste uns bekannte Pony lebte in Frankreich und starb mit 54 Jahren, das älteste reinrassige Rennpferd *(Tango Duke)* lebte von 1935 bis 1978 in Australien und erreichte immerhin ein Alter von 42 Lenzen. Ein weiteres in der Kanalschiffahrt beschäftigtes Roß brachte es auf 61 Jahre, ein Jagdpferd auf 52, und ein Ackergaul war noch mit 43 Jahren der Scholle treu. Ein Pferdehalter besaß gleich drei Methusaleme im Alter von 39, 37 und 35, was darauf schließen läßt, daß ein hohes Pferdealter nicht nur eine Frage des Glücks, sondern auch Folge guter Pflege sein könnte.

Doch wie gesagt, all diese Fälle sind Ausnahmen, und niemand braucht ein schlechtes Gewissen zu haben, falls sein vierbeiniger Freund der Welt bereits früher Lebewohl sagt. 20 bis 25 Lebensjahre sind allemal eine schöne Erdenzeit für ein Pferd.

Wie läßt sich anhand der Zähne das Alter eines Pferdes bestimmen?

»Einem geschenkten Gaul schaut man nicht ins Maul«, lautet ein altes Sprichwort. Diese Volksweisheit ist ein Hinweis darauf, daß sich aus der Beschaffenheit der Zähne Rückschlüsse auf das Alter eines Pferdes ziehen lassen. Anhand der Länge, Form und Farbe der Pferdezähne läßt sich das Alter des Tieres bestimmen, und zwar nach folgenden Kriterien:

Bei der Geburt: Das neugeborene Fohlen hat nun je zwei kleine Schneidezähne, *Milchzangen* genannt, an Ober- und Unterkiefer.

Vierte bis sechste Woche: An Unter- und Oberkiefer erscheinen jeweils zwei Milchmittelzähne, die die Milchzangen flankieren.

Nach sechs Monaten: Zwei *Milcheckzahn*-Paare brechen seitlich der bereits bestehenden Zähne hervor. Damit hat das Fohlen insgesamt zwölf Schneidezähne, sechs je Kiefer, die später durch bleibende Zähne ersetzt werden. Die Schneidezähne haben sogenannte *Kunden*, das sind schwarz gefärbte, scharf abgegrenzte Vertiefungen der Kauflächen. Die Kunden verschwinden im Laufe der Zeit und bieten damit eine gute Möglichkeit zur Bestimmung des Alters.

Mit einem Jahr: Die Kunden der Milchzangen sind verschwunden, der Zahnschmelz ist »abgeschliffen«. Die Milchmittel- und Milcheckzähne weisen nach wie vor Kunden auf.

Mit $1\frac{1}{2}$ Jahren: Die Milchmittelzähne sind ohne Kunden.

Mit zwei Jahren: Auch die Milcheckzähne sind nun »abgenutzt«.

Mit $2\frac{1}{2}$ Jahren: Die Milchzangen werden durch bleibende Zangen ersetzt, die wiederum Kunden haben.

Mit $3\frac{1}{2}$ Jahren: Die Milchmittelzähne wechseln. Die neuen Mittelzähne weisen ebenfalls Kunden auf.

Mit $4\frac{1}{2}$ Jahren: Die Milcheckzähne werden abgestoßen. Die zweiten Eckzähne haben ebenfalls Kunden. Das Pferd besitzt nun an Unter- und Oberkiefer je eine komplette Reihe bleibender Schneidezähne und Backenzähne (Näheres dazu s. Ende dieses Kapitels; Anm. d. Ü.); es ist, biologisch gesehen, erwachsen.

Mit sieben Jahren: Die Kunden der Zangen des Unterkiefers verschwinden.

Mit acht Jahren: Die Kunden der unteren Mittelzähne zeigen Zeichen der Abnutzung.

Mit neun Jahren: Auch die Kunden der unteren Eckzähne und der oberen Zangen sind nun verschwunden. Dafür zeigen sich jetzt anstelle der ehemaligen Kunden oder an der Vorderkante der Schneidezähne kurze schwarze Linien oder auch schwarze Sternchen, genannt *Kundenspuren* oder *Kernspuren* bzw. *Zahnsternchen.* Sie entstehen durch Abnützung des Zahnschmelzes und legen die obere Schicht der Zahnpulpa frei. Diese Symptome beginnen ganz unauffällig ab dem sechsten Jahr an den Zangen. Im Alter von neun Jahren sind sie vor allem klar an den unteren Zangen und Mittelzähnen auszumachen.

Mit zehn Jahren: Auch die Kunden der oberen Mittelzähne verschwinden jetzt. Alle Schneidezähne zeigen nun Zahnsternchen.

Mit elf Jahren: Die Kunden der oberen Eckzähne verschwinden.

Mit 13 Jahren: Die Kauflächen werden allmählich rund, die Kundenspuren wachsen sich nun zu schwarzen Flecken aus.

Mit 15 Jahren: An der Außenseite der oberen Eckzähne bilden sich deutlich sichtbare vertikale Rillen, Einbiß genannt. Sie verlaufen von der Zahnfleischlinie bis zur Mitte der Zahnfläche. Diese Furchen entstehen bereits ab dem zehnten Lebensjahr, sind jedoch anfangs noch nicht mit bloßem Auge zu erkennen.

Mit 20 Jahren: Die Furchen an den oberen Eckzähnen erstrecken sich nun über die ganze Zahnlänge.

Mit 25 Jahren: Die Furchen verschwinden nun wieder von der oberen Hälfte der Zahnfläche.

Mit 30 Jahren: Die Furchen sind völlig verschwunden.

Jede Lebensstufe der Pferde findet also ihre charakteristische Ausprägung an den Zähnen der Tiere, was uns eine ungefähre Altersbestimmung erlaubt. Betrügerischen Pferdehändlern sind diese Hinweise natürlich ein Dorn im Auge. Sie versuchen daher ihre Abnehmer zu täuschen, indem sie etwa junge Pferde durch Herausbrechen der Milchzähne auf älter oder alternde Pferde durch Abschleifen der Kauflächen auf jünger trimmen. Bricht man einem jungen Pferd die Milchzähne heraus, so wachsen die zweiten Zähne schneller nach. Soll ein altes Pferd verjüngt werden, so werden in die empfindliche Zahnpulpa der Schneidezähne mit einem scharfen Instrument kleine »Täßchen« eingegraben und mit heißem Eisen ausgegossen, um die bereits verschwundenen Kunden zu fingieren. Wie sich ein altgedienter Gaul nach einer solchen brutalen Verjüngungskur tatsächlich fühlt, ist nicht bekannt.

Insgesamt hat ein ausgewachsenes Pferd 40 Zähne, je 20 im Unter- und Oberkiefer. Hinter den beschriebenen sechs Schneidezähnen der beiden Kiefer befinden sich jeweils bis zu zwei kleine Hakenzähne, die jedoch bei Stuten selten durchbrechen und als sekundäres männliches Geschlechtsmerkmal gelten. Danach kommt ein zahnloser Zwischenraum, in den beim Reit- und Zugpferd die Trense oder Kandare gelegt wird. Zuletzt folgen auf beiden Seiten des Kiefers sechs vordere und sechs hintere Backenzähne. Die vorderen Backenzähne erscheinen zunächst als Milch- und im Alter von $2\frac{1}{2}$ bis vier Jahren als zweite Zähne. Die hinteren Bakkenzähne brechen erst beim erwachsenen, etwa vierjährigen Pferd als bleibende Zähne durch.

Wie intelligent sind Pferde?

Einer alten Spruchweisheit zufolge sind Pferde gescheite Tiere, da sie niemals eine müde Mark auf einen Menschen wetten. Andere meinen dagegen, das Gegenteil treffe zu, da sie ansonsten keinen Reiter länger als einen Augenblick auf ihrem Rücken dulden würden. Gewiß läßt seine schier grenzenlose Bereitschaft zur Zusammenarbeit mit uns das Pferd dumm erscheinen; immerhin hat diese Treue dem Tier wenig mehr als jahrtausendelanges Leid eingebracht. Doch seine Bereitschaft, sich von uns ausnutzen zu lassen, ist in Wahrheit eine Folge seines angeborenen Herdentriebs. Pferde sind außerordentlich gesellige Geschöpfe und ordnen sich so bereitwillig Despoten ihrer eigenen Spezies unter, daß sie dies wie selbstverständlich auch bei einem menschlichen Gebieter tun. Dieser Aspekt ihres Verhaltens berührt also nicht notwendigerweise die Frage nach ihrer Klugheit.

Intelligenz besteht unter anderem in der Fähigkeit, aus der Erfahrung geeignete Schlußfolgerungen zur Lösung neuer Probleme zu ziehen. Das erfordert einmal gutausgebildete Sinnesorgane, da anders Informationen aus der Umwelt nicht zu erhalten sind; zum zweiten ein gutes Erinnerungsvermögen, damit die entsprechenden Informationen jederzeit abrufbar sind, und drittens ein komplex arbeitendes Gehirn, das in der Lage ist, die verschiedenen problemrelevanten Informationen zur gegebenen Zeit aus dem Gedächtnis »hervorzuholen« und zur Bewältigung der neuen Aufgabe heranzuziehen.

Es ist grundsätzlich ein schwieriges Unterfangen, tierische Intelligenz auf objektive Weise zu messen. Jede Art hat eine eigene, ihr gemäße Intelligenz. Sorgfältig ausgearbeitete, artspezifische Tests sind deshalb unabdingbare Voraussetzung für eine ernstzunehmende Beurteilung. Bewerten wir tierische Intelligenz nach unseren Maßstäben, werden wir nahezu immer falsche und unzulässige Schlußfolgerungen ziehen.

Die in freier Wildbahn lebenden Beute- beziehungsweise Raubtiere unterscheiden sich bis zu einem gewissen Grad hinsichtlich der Form ihrer Intelligenz. Läßt ein Raubtier versehentlich eine Beute entkommen, hat das in der Regel keine Auswirkung auf seine Existenz; es geht eben erneut auf Jagd. Leisten sich hingegen Beutetiere, wie etwa Pferde, einen Fehler, so kann das den sofortigen Tod bedeuten. Die Natur hat sie daher mit einem besonders guten Erinnerungsvermögen für gefährliche und leidvolle Erfahrungen ausgestattet. Eine einzige böse Begebenheit mit einem bestimmten Lebewesen oder einer bestimmten Sache an einem bestimmten Ort genügt bereits, um das betroffene Pferd später in einer ähnlichen Situation überaus heftig reagieren zu lassen; handelt es sich um ausgesprochen gravierende Erfahrungen, so kann sich das Pferd nach vielen Jahren an die betreffende Situation erinnern. Manch zunächst unerklärliches Verhalten unserer vierbeinigen Freunde hat in solchen Erinnerungen seine Ursache. Bäumt sich ein ausgewachsenes Pferd aus heiterem Himmel auf, geht es unversehens durch, oder wird ein ansonsten frommes Tier plötzlich hysterisch, liegt des Rätsels Lösung oftmals in einer frühen Kindheitserfahrung, die sich dem Gedächtnis des Pferdes eingegraben hat. Weil wir nichts von der früheren – prägenden Erfahrung wissen und die neue Situation meist ungefährlich ist, erscheint uns das ungewohnte Benehmen unverständlich und dumm. Vom Standpunkt des Pferdes aus gesehen jedoch handelt es sich um eine wichtige und kluge Vorsichtsmaßnahme; sein Betragen entspringt der Intelligenz des stets gefährdeten Beutetiers. Die Furcht eines Pferdes mit einem Mangel an Klugheit gleichzusetzen, ist folglich nicht statthaft.

Wir Menschen – und das unterscheidet uns prinzipiell vom Tier – verfügen über bewegliche und vielseitig einsetzbare Hände, das Pferd jedoch hat nur schwerfällige Hufe. Wir können vieles durch den Gebrauch unserer Hände erlernen und andererseits zahlreiche Aufgaben mit ihrer Hilfe lösen. Es fällt uns schwer, uns in ein Lebewesen hineinzudenken, dem lediglich plumpe Füße zur Verfügung stehen. Das Pferd mag sehr wohl in seinem Kopf eine bestimmte Problemlösung ausarbeiten, mangels fehlender Hände allerdings außerstande sein, sie zu realisieren. Bisweilen verwendet es hilfsweise die Zähne oder seine muskulösen Lippen, was beweist, daß es nach Ersatzwegen sucht. Häufig lernen Pferde zum Beispiel, wie sich das Schnappschloß oder selbst der querliegende Riegel ihrer Stalltür öffnen läßt. Sie nutzen diese Kenntnis dann, um zu entkommen oder ihre Freunde auf der Weide aufzusuchen. Andere Pferde finden Mittel und Wege, ihr Futter schmackhaft zu machen. Ein Pferd etwa hatte eine ausgesprochene Abneigung gegen trockenes Heu. Es bugsierte deshalb das ungeliebte Trockenfutter mit dem Maul zu seiner Tränke, nahm dann ein Maulvoll davon auf und tunkte es ins Wasser; erst danach tat sich das Tier an seinem Futter gütlich. Das Pferd setzte also seine Intelligenz dazu ein, Heu so zuzubereiten, daß es geschmacklich seiner Lieblingsspeise Gras näherkam. Daß das Tier »bewußt« und mit Absicht handelte und sein Verhalten immer flexibel dem Ziel, kein anödend-trockenes Futter zu fressen, anpaßte, zeigte sich, als ihm statt Heu frisches Gras oder zuvor aufgeweichtes Heu gereicht wurde: Nun verzichtete der Feinschmecker auf das Eintunken. Und als man die Tränke gegen Wassereimer austauschte, benutzte er diese zum Eintunken.

Tests haben dem Pferd ein erstaunliches Differenzierungsvermögen bescheinigt. So zeigte man beispielsweise

Pferden je zwei Tafeln, auf denen jeweils ein Symbol abgebildet war, etwa Rechteck und Kreis, Kreis und Halbkreis oder Dreieck und Punkte. Wenn sie ein bestimmtes dieser Symbole erkannten, erhielten die Testtiere eine Belohnung in Naturalien. Die Pferde lernten sehr rasch, richtig zu reagieren. Als ihnen zwanzig verschiedene Symbol-Paare gezeigt wurden, konnten sie die Symbole in allen Fällen unterscheiden, Esel hingegen nur in dreizehn und Zebras in zehn Fällen. Die Trefferzahl lag stets weit über der Zufallsquote von 50 Prozent, bisweilen sogar bei 100 Prozent und im schlechtesten Fall — es handelte sich dabei um eine besonders schwierige Aufgabe — bei 73 Prozent. Als man den Test ein Jahr später wiederholte, konnten sie noch immer auf Anhieb 19 der 20 Vorlagen wiedererkennen. Das ist ein besseres Resultat, als die meisten von uns erreichen würden. Es bestätigt zugleich, wie lebenswichtig es für wildlebende Pferde ist, sich möglichst viele verschiedene Pflanzen ihres Lebensraums einzuprägen und sich zu erinnern, ob die betreffenden Gräser und Kräuter etc. gut oder schlecht schmecken, stechen oder brennen oder vielleicht giftig sind. Dieses Wissen muß ein Pferd zumindest so lange im Gedächtnis behalten, bis die entsprechenden Pflanzen im nächsten Jahr wieder wachsen, blühen oder Früchte tragen.

Ein berühmtes Beispiel für die Differenzierungsfähigkeit des Pferdes gegenüber Umweltreizen war der *kluge Hans*, das rechnende Pferd. Das Pferd konnte angeblich Rechnungen durchführen und das Ergebnis mit dem Fuß auf den Boden klopfen. Fragte sein Trainer etwa: »Wieviel ist 2 × 3?«, so scharrte der *kluge Hans* sechsmal. Die Zuschauer schüttelten verwundert den Kopf. Zuerst glaubte man, das Pferd erhalte von seinem Herrn geheime Zeichen, doch auch ohne dessen Anwesenheit »funktionierten« seine Rechenkünste. Als es freilich hinter einen Vorhang gestellt wurde und das Publikum nicht mehr sehen konnte, war es vorbei mit dem Kopfrechnen, und der *kluge Hans* begann endlos zu »zählen«, d.h. zu klopfen. Worin jedoch lag das Geheimnis begründet? Das Publikum kannte ja die richtige Lösung und wartete gespannt auf die »Antwort« des Tieres: Die Zuschauer hielten daher den Atem an, wenn das Wundertier zu zählen anfing oder im Begriff war, einen Fehler zu machen; sie zeigten sich jedoch erfreut und erleichtert, wenn Hans die korrekte Zahl geklopft hatte. Der *kluge Hans* nahm nun offensichtlich die kleinsten, auch unbewußten Veränderungen in Haltung, Anspannung und Ausdruck seiner Zuschauer wahr und folgerte daraus, wann es Zeit war, mit dem Zählen aufzuhören. In Wahrheit errechnete das Publikum die Lösung, und das Pferd erriet diese mit Hilfe seines unglaublich feinen Gespürs. Aber auch als die Zuschauer um die Lösung des Rätsels wußten, änderte sich nichts. Solange er die Reaktionen der Menschen sehen konnte, klopfte der *kluge Hans* weiterhin die korrekte Zahl. Ganz offensichtlich reagierten die Menschen trotz Kenntnis des Ablaufs mit der gleichen Anspannung wie zuvor und waren nicht imstande, ihre Körpersprache zu kontrollieren. Eine solche Selbstbeherrschung wäre allenfalls einem gewieften Pokerspieler zuzutrauen.

Angesichts einer so außerordentlich hochentwickelten Sensibilität nimmt es wunder, daß Renn-, Spring- und Zirkuspferde ihre Pflichten so widerspruchslos ausführen. Eigentlich müßte ein Rennpferd rasch begreifen, daß es weniger Ärger bekommt, wenn es dem Rennen hinterher- statt vorausläuft; galoppiert es an der Spitze des Feldes, so bekommt es die Peitsche, damit es um jeden Preis gewinnt; einmal aussichtslos abgeschlagen jedoch, läßt es sein Reiter eben dahinlaufen. Springpferde sollten eigentlich schnell merken, daß sie bald in Ruhe gelassen werden, wenn sie die Hälfte der Hürden niederreißen und vor den schwierigen scheuen. Sind sie dagegen erfolgreich, so wird ihnen der Parcours immer und immer wieder abverlangt. Da allerdings zahlreiche Renn- und Springpferde trotz Peitsche und Plakkerei laufend gewinnen und erfolgreich die schwierigsten Hürden nehmen, gehören die besten Renner und Springer offensichtlich nicht zu den Hellsten ihrer Art, es sei denn, sie haben einen geradezu masochistischen Spaß an der Schinderei.

Vielleicht aber teilen die Tiere auch gar nicht die Angst und Besorgnis, die so viele bange Zuschauer bei schwierigen Sprüngen oder Hindernisrennen befällt. Entgegen weitverbreiteter Auffassung sind nämlich nur sehr wenige Pferde ihrem Reiter wirklich macht- und hilflos ausgeliefert. Die meisten lernen fast mühelos, was von ihnen erwartet wird. Andererseits verweigern sie schlicht den Gehorsam, falls ihnen der Sinn danach steht. So manchem unerfahrenen und allzu forschen Neuling auf ihrem Rücken erteilen Pferde zuweilen äußerst gewitzt und listig eine gehörige Lektion. Bisweilen rennen sie etwa in vollem Galopp unter einem niedrig-hängenden Ast hindurch — eine für den betroffenen Reiter in der Tat unvergeßliche Erfahrung.

Wie finden Pferde ihren Weg nach Hause?

In der guten alten Zeit vor Erfindung der Kraftdroschke pflegten auf dem Lande viele Herren hoch zu Roß oder in einer Kutsche zum abendlichen Trunk ins Wirtshaus auszuschwärmen. Für den Fall einer möglichen Beeinträchtigung ihrer eigenen Orientierung infolge reichlichen Alkoholgenusses vertrauten sie sich auf dem Rückweg vorbehaltlos ihrem vierbeinigen Kameraden an. Denn der brachte sie auch ohne Führung sicher nach Hause. Diesbezüglich zumindest hatten es berauschte Pferdehalter früherer Zeiten wesentlich einfacher als promillehaltige Autofahrer heutzutage.

Wie aber findet nun das Pferd den Weg in den heimatlichen Stall? Solange es sich nur um kurze Strecken handelt, kann es gleich uns seine räumliche Erinnerung einsetzen. Überdies hat es vermutlich eine Art »Geruchskarte« im Kopf. Bei grundsätzlich vertrautem Terrain stellt die Abfolge von Kurven, Kreuzungen und Abzweigungen in Verbindung mit den wechselnden ortsspezifischen Düften, visuellen Eindrücken und Geräuschen voll ausreichende »Wegweiser« dar.

Zahlreiche Pferde jedoch finden auch dann den richtigen Heimweg, wenn sie auf unbekanntem Gebiet unterwegs sind, wo ihnen die oben genannten Orientierungshilfen nicht zur Verfügung stehen. Das folgende Beispiel handelt von einem einjährigen Hengst, der von seiner Mutter getrennt und in eine acht Kilometer entfernte, ihm völlig fremde Umgebung gebracht worden war. Nach einiger Zeit ließ man ihn frei, und er fand binnen fünf Tagen zurück zu seiner Mutter. Eine andere Geschichte berichtet von Wildpferden in Virginia. Sie werden regelmäßig eingefangen und auf Versteigerungen feilgeboten; die unverkäuflichen läßt man hinterher wieder frei. Um zu ihrem angestammten Lebensraum zurückzukehren, müssen die Pferde beträchtliche Entfernungen überwinden und selbst Flüsse und kleinere Seen durchqueren. Allen Widrigkeiten zum Trotz finden sie jedoch »heim« und schließen sich wieder ihrer alten Herde an. Da die genannten Beispiele keine Einzelfälle sind, im Gegenteil, kann es sich nicht um glückliche Zufälle handeln; vielmehr scheint ein spezieller »Sinn« die Tiere zu leiten.

Im Hinblick auf das Pferd wissen wir nichts Bestimmtes über einen solchen Orientierungssinn. Untersuchungen an Zugvögeln aber beweisen schlüssig, daß diese auf Veränderungen im Magnetfeld der Erde reagieren. Beeinflußt man dieses Magnetfeld jedoch künstlich, so verlieren die Vögel ihre Orientierung. Höchstwahrscheinlich besitzen fast alle Lebewesen, darunter auch die Pferde, ein derartiges Vermögen; winzige Eisenpartikel im Zellgewebe der Tiere wirken offenbar wie Miniaturmagnete.

Interessant ist in diesem Zusammenhang vielleicht auch noch, daß Pferde, die aus anderen Regionen in erdbebengefährdete Gebiete gebracht werden, etwa nach Kalifornien, sich mit ihrer Orientierung schwer tun. Zunächst sind sie sichtlich verstört durch die nahezu allgegenwärtigen seismographischen Erschütterungen. Diese sind meist zu gering, um von uns überhaupt bemerkt zu werden, aber stark genug, um das örtliche Magnetfeld zu beeinflussen und Pferde zu desorientieren. Pferde fühlen sich durch diese Erschütterungen wohl ähnlich verunsichert wie Menschen, die vom ruhigen friedlichen Land in eine laute, geschäftige Stadt ziehen. Nach einer gewissen Zeit gewöhnen sich die Tiere an die neue Situation, verlieren ihre Unsicherheit und verhalten sich wieder normal. Ihre anfängliche Reaktion spricht jedoch stark für die Existenz eines »magnetischen Sinnes«, der das Pferd immer wieder auf »Heimatkurs« bringt.

Wie revierbewußt sind Pferde?

Einige Tierarten haben einen angestammten Lebensbereich, ohne jedoch auf das betreffende Gebiet gegenüber fremden Artgenossen exklusiv Besitzansprüche zu erheben. Andere wiederum haben ein fest umrissenes Territorium und verteidigen es wild entschlossen gegen Eindringlinge. Das Pferd läßt sich keinem der beiden Verhaltensmuster zuordnen. Handelt es sich um kleine Herden, ist genügend Platz vorhanden, so bewegen sie sich meist friedlich in demselben Gebiet und teilen sogar Wasserstellen und Weiden miteinander. Eine jede Gruppe hält lediglich einen gewissen Abstand zu den übrigen.

Werden die Lebensbedingungen jedoch schwierig, so kommt es durchaus zu Revierkämpfen. Begegnen sich zwei Herden unter solch beengten Umständen, so geraten sich die beiden Leittiere, in der Regel die beiden dominanten Hengste, häufig in die Haare. Als Sieger geht stets der »Revierbesitzer« hervor. Er verfolgt den Verlierer aber selten; er will den Störenfried nur vertreiben und nicht vernichten. Ist der Eindringling erfolgreich aus dem Feld geschlagen, herrscht augenblicklich wieder Ruhe.

Im Leben des domestizierten Pferdes spielen territoriale Ansprüche kaum eine Rolle. Ihre Welt ist von Geburt an derart begrenzt, daß sie jegliches Gefühl für ein angestammtes Weidegebiet, das es zu verteidigen gilt, verloren haben. Ein Überrest des Revierbewußtseins ist das sogenannte »Zaun-Abschreiten«. Wir können es beobachten, wann immer ein domestiziertes Pferd auf eine ihm fremde Koppel gelassen wird. Als erstes nimmt es eine Art Inspektion vor, indem es aufmerksam an der äußeren Begrenzung entlang die ganze Fläche umtrabt. Hat es sich mit deren Größe und Eigenheiten vertraut gemacht, genießt es zufrieden seine neue Umgebung.

Doch selbst große Koppeln sind winzige Flächen im Vergleich zu dem Lebensraum der Wildpferde, die in einem Gebiet von 50 bis 120 Quadratkilometern umherziehen. Auf ihrem Marsch zwischen Grasland, Wasserstellen und Schlafplätzen legen sie oftmals bis zu 20 Kilometer am Tag zurück, häufig im »Gänsemarsch« und auf wohlvertrauten ausgetretenen Pfaden. Im Gegensatz dazu kennen ihre domestizierten Verwandten auch unter den freiesten Umständen nur ein räumlich höchst beengtes und zugleich verweichlichtes Leben.

Die meisten Pferde schicken sich darein und verzichten auf irgendwelche Revieransprüche. Einige allerdings wollen sich mit dieser Situation abfinden und verteidigen gelegentlich ihre kleine Wiese vehement. Wird etwa ein unbekannter Artgenosse auf eine Koppel geführt, auf die ein anderes Pferd einen »Besitzanspruch« zu haben glaubt, so kann sich in diesem plötzlich der alte territoriale Trieb melden, und es geht böse auf den Neuling los. Das artet manchmal in blutigen Ernst aus, da sich der angestammte Platzhalter bisweilen nicht mit der Unterwerfung des Neulings zufriedengibt und ihn trotz dessen wiederholten Versöhnungsversuchen weiterhin angreift. Aufgespeicherter Ärger über vergangenes Unrecht oder der verzweifelte Wunsch nach einem größeren »Privatbereich« mögen die Gründe dafür sein, daß der Platzhalter den Neuankömmling in seinem »ureigenen« Gebiet als unerträglichen Störenfried empfindet. Die auch durch Unterwürfigkeitsgesten des Kameraden nicht mehr zu kontrollierende Gewalttätigkeit ist Ausdruck der anomalen räumlichen Gegebenheiten, die wir unseren Pferden aufgezwungen haben.

Glücklicherweise kann man solch verbissenen und gefährlichen Angriffen durch rechtzeitiges energisches Einschreiten Einhalt gebieten, es sei denn, unerfahrene Pferdehalter vergessen, daß Pferde untereinander nicht nur Zusammenhalt und Freundschaft kennen, sondern ebenso Rivalität und Kampf. Selbst ein gegenüber seinem Herrn äußerst ergebenes Pferd ist und bleibt ein vielschichtiges Lebewesen, das aus eigenem Recht und nach eigenen Gesetzen lebt. Diese alte Erfahrung bewahrheitet sich immer dann, wenn zwei einander fremde Pferde gezwungen sind, auf einem Territorium — das eines von beiden möglicherweise dazu noch als sein Revier betrachtet — miteinander auszukommen.

Wie kämpfen Pferde?

Wie alle intelligenten Tierarten sind auch die Pferde bestrebt, Streitigkeiten untereinander ohne Tätlichkeiten beizulegen und es in solchen Situationen nach Möglichkeit bei Drohungen und Einschüchterungen zu belassen. Diese symbolischen Kämpfe reichen im allgemeinen aus, um zu entscheiden, welches Tier innerhalb der Herde als Leittier anerkannt wird.

Zwei eingehende Untersuchungen haben gezeigt, daß dreiviertel aller Auseinandersetzungen zwischen Pferden auf friedlichem Wege, also mittels sicht- und hörbaren Drohgesten und leichten Bodychecks, gelöst werden. In der ersten dieser beiden Untersuchungen wurden Kontroversen ausgewertet, zu denen es zwischen verschiedenen Pferden an einer Wasserstelle gekommen war. Die zweite Studie befaßte sich mit Futterstreitigkeiten. Untersuchung eins registrierte Tätlichkeiten in nur 24 Prozent und Studie zwei lediglich in 22,6 Prozent der beobachteten Fälle.

Pferde verfügen über eine ganze Palette von Drohgebärden: Sie legen die Ohren zurück, senken den Kopf, »plustern« den Nacken, schieben ihr Hinterteil nahe an den Widersacher heran und versperren ihm mit dem Körper den Weg. Bisweilen erhält aber auch der Kontrahent kleinere Rempler mit Kopf, Hals, Schulter oder Leib des Angreifers.

Nimmt die Sache ernste Formen an, schüttelt das Tier zähnefletschend seinen Kopf hin und her und schwenkt seinen gesenkten und muskelspielenden Nacken unwirsch hin und her und auf und nieder, als wolle es den Gegner beißen. Wütend peitscht es mit dem Schweif, und mit den Vorderbeinen schlägt es entweder warnend in Richtung des Opponenten oder stampft gereizt auf den Boden. Statt dessen kann es aber auch nach rückwärts ausschlagen. Verstärkt wird das Ganze oftmals durch laute Wutschreie. Abgesehen von leichteren Kopf- und Körperstößen kommt es in diesem Stadium zu keinem Körperkontakt. Ziel ist einzig, den Kontrahenten durch Einschüchterung zum Aufgeben zu bewegen.

Gelingt dies nicht, so muß das Pferd schließlich zum tätlichen Angriff übergehen. Die beiden »Streithähne« bäumen sich auf und schlagen mit den Vorderhufen wie mit Hämmern auf den Widersacher ein. Sie stoßen wütende Schreie aus und beißen sich gegenseitig in den Hals. Das im Verlauf des Kampfes sich als stärker erweisende Pferd geht bisweilen auch mit vorgestrecktem Kopf auf den Widersacher los und versucht ihn mit Bissen so arg wie möglich zuzurichten. Mischen sich demgegenüber in die Wut eines Tieres zunehmend Angst und Unsicherheit, so geht es eher zu defensiver Aktion über. Es dreht sich blitzschnell um und wendet dem Gegner sein Hinterteil zu, um mit einem oder beiden Hinterbeinen gezielt und heftig nach diesem auszuschlagen.

Ist ein Konflikt einmal in Tätlichkeiten ausgeartet, so dauert der Kampf mitunter mehrere Minuten, bis schließlich einer der Streithälse klein beigibt. Er signalisiert das, indem er sich wegdreht und davonmacht. Lassen die Umstände dies nicht zu, vollführt er besondere Unterwerfungsgesten. Hierzu gehören eine Art Maulschnappen, wie es auch bei der wechselseitigen Körperpflege zu beobachten ist, das seitliche Zurückwerfen des Kopfes, das Schweifeinziehen bei ohnehin nunmehr leicht geducktem Hinterteil sowie ein glasiger, starrer Blick, der die Augen stärker als normal hervortreten läßt. Die meisten Sieger erkennen diese Zeichen der Kapitulation und Versöhnungsbereitschaft an und brechen den Kampf ab. Manche Beobachter haben darin ein Zeichen von Rücksichtnahme und Erbarmen gesehen. In Wahrheit jedoch geschieht das aus Selbstschutz, denn beim Kampf tragen häufig beide, Besiegter *und* Sieger, Verletzungen davon. Und genau das wollen die Tiere soweit wie möglich vermeiden.

Wie schnell können Pferde laufen?

Im gestreckten Galopp erreicht ein Pferd in der Regel eine Geschwindigkeit von 50 Stundenkilometern und mehr, was ein gesundes Rassepferd über mehrere Kilometer hinweg durchhält. *Viertelmeiler*, die — wie der Name besagt — nur über kurze Strecken eingesetzt werden, können bis zu 65 Stundenkilometer erreichen. Der Rekord liegt hier bei 70 Stundenkilometern. Das schnellste Rennen über fünf Kilometer ist mit 55 Stundenkilometern verzeichnet.

Das längste Rennen der Geschichte hat wahrscheinlich in Portugal stattgefunden. Es führte über eine Distanz von 1920 Kilometern und wurde von einem in Ägypten gezüchteten Araberhengst namens *Emir* gewonnen. Ein anderes Langstreckenpferd mit erstaunlichem Durchhaltevermögen war *Champion Crabbet*; er legte 480 Kilometer in 52 Stunden zurück.

Die ersten Hindernisrennen gingen oftmals über 12, 20 und gar 30 Kilometer querfeldein. In unseren Tagen verzichtet man weitgehend auf solch extreme Herausforderungen. Das *Grand National* mit 7,2 Kilometern ist heutzutage die längste Distanz, die Rassepferden abverlangt wird. Der Rekord liegt hier bei 9 Minuten und 19 Sekunden; er wurde 1973 durch *Red Rum* aufgestellt. Das heißt, der Meisterrenner erreichte im schwierigsten Hindernisrennen der Welt eine Durchschnittsgeschwindigkeit von 47 Stundenkilometern.

Was ist der Unterschied zwischen Voll- und Kaltblutpferden?

In der Pferdezüchter-Tradition werden domestizierte Pferde seit altersher in drei Grundtypen unterteilt: *Voll-*, *Warm-* und *Kaltblüter.* Diese Zuordnung hat nichts zu tun mit der Körpertemperatur oder Blutbeschaffenheit der Tiere, sondern gründet sich allein auf Unterschiede der Herkunft, Züchtung und des Temperamentes.

Beim *Vollblut* gibt es nur zwei Rassen: den *Araber* und den *Altenglischen Vollblüter.* Diese feingliedrigen Aristokraten unter den Pferden kommen ursprünglich aus den heißen Wüstenzonen des Vorderen Orients und Nordafrikas. Sie sind feurig, kühn und hochsensibel.

Den Kontrast zu den Vollblütern bilden die eher phlegmatischen, nicht aus der Ruhe zu bringenden, friedfertigen

Kaltblüter. Schwer, kräftig und untersetzt gebaut, sind sie die idealen Arbeitspferde. Das Kaltblut stammt vom Tundra- und Steppenpferd der nördlichen, bewaldeten Region ab. Rauhe Klimaverhältnisse und frostig-kalte Winter verträgt es ausgesprochen gut.

Warmblüter, bisweilen im Gegensatz zu den Vollblütern auch *Halbblut* genannt, sind Kreuzungen aus beiden Extremtypen, dem Voll- und dem Kaltblut. Den feingliedrigen und leichten Körperbau haben sie von den Araberpferden geerbt. Im Wesen sind sie weniger feurig und nervös als diese, aber ungleich temperamentvoller und beweglicher als ihre Kaltblut-Vorfahren. Fast alle unsere heutigen Sport- und Freizeitpferde gehören daher zu den Warmblütern.

Wie viele Pferderassen gibt es?

Eine aktuelle Erhebung spricht von 207 lebenden Pferderassen. Manche darunter stellen freilich keine eigenständige Zucht dar; sie gehören vielmehr zu einer bestimmten Rasse und weichen lediglich von Land zu Land oder von Region zu Region hinsichtlich des Namens und gewisser Feinheiten voneinander ab. Demgegenüber sind sicherlich viele Rassen aus entlegenen Zonen nicht erfaßt. Die Angabe gibt aber immerhin eine ungefähre Vorstellung von der großen Vielfalt an Pferderassen.

Von den 207 aufgeführten Rassen sind 67 Ponys, 36 Arbeits- sowie 104 Sport- und Freizeitpferde. Zur Gruppe der Ponys zählen alle Tiere unter 1,47 Meter Schulterhöhe. Aber das ist nicht das einzige typische Merkmal im Vergleich zur Gesamtgröße des Ponys. Mit seinen im Vergleich zur Gesamtgröße relativ kurzen Beinen und seinem untersetzten und im Verhältnis schweren Körperbau ähnelt es weit mehr dem Urpferd als seine großen Verwandten.

Zwei kleine Rassen, die altehrwürdige *Kaspische* und die moderne *Falabella*-Zucht, gehören zwar im Hinblick auf ihre Größe zu den Ponys, in ihren Proportionen hingegen ähneln sie mehr den Pferden. Wegen ihres zierlichen Wuchses werden sie häufig »Zwerg-Pferde« genannt. Die erst unlängst wiederentdeckte Kaspische Rasse hat ihre Heimat in der Gegend um das Kaspische Meer im nördlichen Persien. Die Tiere gleichen kleinen Araberpferden, und man vermutet, daß sie vom selben Urahn abstammen wie die Araber. Die Kaspischen Mini-Pferde finden wir bereits auf alten persischen Malereien aus dem fünften vorchristlichen Jahrhundert. Mindestens tausend Jahre lang lebten sie völlig von der Außenwelt abgeschlossen und bewahrten so völlig unverbildet ihre ursprünglichen Merkmale. Erst 1965 kamen einige Tiere in den Westen, wo sie als lebendige Erinnerung an die Vorfahren des heutigen Vollblüters mit großer Sorgfalt weitergezüchtet werden.

Beim *Falabella*-Pferd haben wir es mit einer neuen Züchtung zu tun. Es ist im wesentlichen ein stark »verkleinertes« Shetland Pony, allerdings mit den schlanken Proportionen eines winzigen Pferdes. Das Falabella ist das kleinste Pferd überhaupt. Da es weder als Reit- noch als Arbeitstier tauglich ist, kann man es im Grunde genommen nur als Luxusgeschöpf bezeichnen. Seine durchschnittliche Schulterhöhe von etwa 86 Zentimetern wird von manchen Hunderassen deutlich übertroffen. Das kleinste erwachsene Falabella, von dem man weiß, war gerade 38 Zentimeter groß, die größte Dänische Dogge hingegen 1,02 Meter. Das Pferdchen hätte also mühelos unter dem Hund hindurchlaufen können. Ungeachtet dessen ist es beileibe keine Mißgeburt, war doch der Urvater aller Pferde, der vor fünfzig Millionen Jahren lebende *Eohippus*, gerade 25 Zentimeter groß. Ein neugeborenes Falabella von 30 Zentimetern Schulterhöhe hat also in etwa die Größe seines Urahns.

Sind die Ponys die Zwerge ihrer Gattung, so können die Arbeitspferde als die Riesen gelten. Sie erreichen eine Schulterhöhe von maximal 2,15 Metern und ein Gewicht von über einer Tonne. Diese schweren Tiere haben in unseren Breiten die Feldarbeit erledigt, ehe sie durch die Landmaschinen abgelöst wurden. Als umhegte Relikte ruhigerer Zeitläufe haben sie überlebt und treten häufig als bestaunte Prachtexemplare auf Landwirtschaftsausstellungen, Messen und sonstigen Festivitäten in Erscheinung. Begeisterte Liebhaber züchten auch weiterhin die wichtigsten Rassen, so daß die Zahl dieser Tiere eher anwächst und ihr Fortbestand auch im Weltraumzeitalter gesichert ist.

Die mit über 100 verschiedenen Rassen bei weitem größte Vielfalt herrscht heute in der Gruppe der Freizeit-, Reit-, Jagd-, Renn-, Polo- und Springpferde. Sie prägen das moderne Bild unseres alten vierbeinigen Gefährten. Je mehr die Städte sich ausbreiten und das Land verdrängen, um so höher stehen die Werte ländlichen Lebens im Kurs, und das Pferd als ein typischer Vertreter desselben wird zunehmend geschätzt — gleichsam als Ausgleich zu einer Welt des Autos, der Verkehrsstaus, der Technik, und zwar nicht nur vom aktiven Pferdehalter und Reiter, sondern auch von Millionen passiven Pferdesportbegeisterten. Und da das Pferd also, über alle Vernarrtheit passionierter Reiter weit hinausgehend, heute zu einem lebendigen Symbol unserer engen Beziehung zum Tier und unserer ländlichen, naturverbundenen Vergangenheit geworden ist, wird die Zahl der Rassen wohl auch in Zukunft eher zu- denn abnehmen.

Was die Vielfalt der Pferderassen anbelangt, so liegt Rußland mit mindestens 27 verschiedenen Züchtungen in Füh-

rung, gefolgt von England mit 19, Frankreich mit 18 sowie den Vereinigten Staaten und Deutschland mit jeweils 16; Italien hat 10 und Polen 9 Pferderassen. Doch das sind Mindestzahlen. Denn laufend entstehen neue Züchtungen, die den Forderungen einer sich ständig wandelnden Umwelt gerecht werden sollen. Die Zahlen zeigen aber auch, welche Länder in der Vergangenheit in der Zucht besonders aktiv und kreativ gewesen sind und ihre Liebe zum Pferd bis auf den heutigen Tag bewahrt haben.

Warum laufen Pferde Rennen?

Diese Frage mag auf den ersten Blick dumm erscheinen, aber das ist sie ganz und gar nicht. Denn es widerspricht eigentlich der Natur des Pferdes, lange Strecken in vollem Galopp zurückzulegen. Windhunde rennen, um Hasen zu jagen, doch Pferde?

Entgegen landläufiger Meinung führen teure Rennpferde keineswegs ein luxuriöses und komfortables Leben; sie fristen vielmehr eine spartanische Existenz. Absichtlich nämlich werden sie die meiste Zeit allein in engen Boxen gehalten, was sie frustriert. Das regelmäßige Training bringt da wenig Abhilfe, im Gegenteil, es erhöht eher ihren Drang nach Ungebundenheit und Bewegung.

Einem unbedarften Neuling, der meint, ein Rennpferd brauche nichts so sehr wie unbehinderte Bewegung auf der Koppel, wird ein erfahrener Trainer entgegenhalten, daß solche Freizügigkeit das Tier als Rennpferd untauglich mache. Damit sie als Rennpferde geeignet sind, müssen die Tiere nämlich auf so engem Raum gehalten werden, daß sie förmlich nach Bewegung hungern und vor Bewegungsdrang explodieren. Läßt man ihnen dann beim Rennen endlich freien Lauf, so wird all die aufgestaute Energie freigesetzt. Die Tiere stürmen in vollem Galopp los und rennen bis zur totalen Erschöpfung. Ermatten sie vor dem Ziel, gibt man ihnen entweder die Peitsche, oder aber man hält sie zurück, je nachdem wie die Gewinnchancen stehen.

Für gewöhnlich verausgabt sich ein Rennpferd bei einem Rennen derart, daß es über mehrere Tage hinweg unfähig ist, erneut ein Rennen zu laufen – ein klarer Beweis für die Unnatürlichkeit des ihm aufgezwungenen Lebensstils. Kein Wildpferd könnte je überleben, wäre es zeitweise außerstande zu fliehen. Andererseits braucht es niemals über die Distanz einer vollen Rennstrecke Reißaus zu nehmen. Seine natürlichen Feinde — Wildhund, Wolf und Raubkatze — bekommen das Tier entweder ziemlich rasch zu fassen, oder aber sie geben bereits nach vergleichsweise kurzer Jagd auf. So verhalten sich unsere Rennpferde eher wie Schulkinder, die den ganzen Tag lang stillsitzen müssen. Einmal auf den Schulhof entlassen, entfalten sie scheinbar sinn- und ziellos lärmende Aktivität. Ähnlich das Rennpferd; es fühlt sich auf dem Rennkurs weniger wie auf der Flucht oder in Panik, eher so, als ob es nach einer langen Phase stark eingeschränkter Bewegungsfreiheit die Möglichkeit zum Austoben hätte.

Trotz alledem — auch Furcht und Panik spielen eine Rolle. Wildpferde fallen einzig in höchster Not in den gestreckten Galopp. Schöpfen sie lediglich Verdacht, traben sie lokker von dannen. Nur wenn ein Raubtier zur offenen Jagd übergeht, sucht ein wildes Pferd sein Heil im vollen Galopp. Daher gibt es offenbar in der Phantasie eines Rennpferdes ebenfalls die Vorstellung einer Bedrohung. Der Schmerz der Peitsche unterstützt diese Vorstellung. Spürt das Tier diese an der Flanke oder am Hinterteil, so hält es sie wohl instinktiv für die Krallen einer Raubkatze oder den Fang eines Wolfes. Den vermeintlichen Jäger so unmittelbar auf dem Leib spürend, holt es bis zur Erschöpfung das Letzte aus sich heraus, um zu entkommen.

So bedeutet das Rennen für Pferde zweierlei: den Ausbruch aufgestauter physischer Energie *und* ein psychologisch bedingtes Entrinnen-Wollen vor einem vermeintlichen Verfolger. Im Vordergrund aber steht die Flucht des jungen, gesunden, kraftberstenden Tieres nicht vor dem Wolf oder dem Löwen, sondern vor der Langeweile und Öde seines ihm vom Menschen aufgezwungenen unnatürlichen Lebens.

Warum laufen manche Pferde schneller als andere?

Beflissen nehmen viele Wetter vor Rennbeginn die teilnehmenden Pferde in Augenschein. Sie suchen nach Hinweisen, welches wohl an diesem Tag das schnellste sein wird. Doch das ist meist vergebliche Liebesmüh', da das für Sieg oder Niederlage entscheidende Organ des im Körperinnern verborgen ist. Alle Rennpferde haben heutzutage hochentwickelte, durchtrainierte Beine und Muskeln und können hohe Geschwindigkeiten erzielen. Der eigentliche und ausschlaggebende Faktor ist jedoch der Kreislauf des jeweiligen Pferdes.

Die ersten 500 Meter eines Rennens bewältigt ein Pferd mit Hilfe der bereits im Körper befindlichen Sauerstoffenergie. Danach jedoch müssen Herz und Lunge die Muskeln mit zusätzlichem Sauerstoff versorgen. Die kleinste Herzschwäche oder Lungeninfektion — und das Tier zählt zu den Verlierern.

Der erstaunlichste physiologische Aspekt ist der enorme Anstieg der Herzschlagfrequenz zwischen Ruhezustand und vollem Galopp. Einige Fachleute haben eine Erhöhung um das Zehnfache, von 25 auf 250 Schlägen pro Minute, andere von 36 auf 240 festgestellt, was immerhin noch das Siebenfache der normalen Pulsfrequenz — nämlich 4 Schlägen pro Sekunde bedeutet. Kein Wunder also, daß Rennpferde am Ziel völlig erschöpft sind.

Permanente Höchstleistungen dieses Ausmaßes sind ohne Frage unnatürlich für das Tier. Aber von teuren Rennpferden wird eben verlangt, daß sie ein hochdotiertes Rennen nach dem andern laufen. Gesundheitsrisiken, insbesondere das sogenannte »Sportlerherz«, sind oft der Preis dafür.

Ein vergrößertes Herz jedoch findet während eines kräftezehrenden Rennens keinen entsprechenden »Entfaltungsraum«. Es drückt vielmehr gegen das umliegende Gewebe, wodurch es um so rascher ermüdet. Die Folge ist, daß das Tier gegen Ende des Rennens abfällt. Jeder Wettfreund, der auf einen angeblich todsicheren Tip gesetzt hat, kennt dieses Phänomen nur zu gut: Ein Pferd geht ein Rennen prächtig an, liegt bis relativ kurz vor dem Ziel weit vorne und fällt dann plötzlich ab, wohingegen die übrigen Pferde den Eindruck erwecken, das Ziel vor Augen, immer schneller zu werden. In Wahrheit freilich lassen alle Pferde in der Schlußphase etwas nach, da sie die Grenzen ihrer körperlichen Belastbarkeit erreicht haben; das Pferd mit der Herzinsuffizienz fällt lediglich vergleichsweise stärker ab. Erhält das betreffende Tier vor dem nächsten Rennen nicht eine gehörige Ruhepause, kann sein Herz einen dauerhaften Schaden davontragen.

Ein weiterer für den Erfolg entscheidender Faktor ist der Bewegungsablauf eines Pferdes, genauer gesagt, die Symmetrie des Bodenkontaktes seiner Hufe. Vom idealen Rennpferd wird behauptet, seine Beine bewegten sich gleich den Speichen eines Rades, ein jedes Bein übernehme also kontinuierlich für ein gleichlanges Zeitintervall das Gewicht des Pferdes.

Hat ein Pferd nun ein belastbares Herz, kräftige Lungen und einen symmetrischen Bewegungsablauf, warum zählt es dann trotzdem nicht (immer) zu den Siegern? Sicherlich sind Erbanlagen und Zucht teilweise dafür verantwortlich, aber weniger als allgemein angenommen. Gemeinhin meint man, ein Championhengst und eine Championstute müßten wiederum ein Championfohlen hervorbringen. Doch manche Rennstallbesitzer haben für diesen Glauben schon große Summen in den Sand gesetzt. Infolge ständiger Inzucht verfügen unsere heutigen Rennpferde über nahezu gleiche genetische Voraussetzungen, und fast ein jeder ihrer Abkömmlinge ist von daher gesehen ein potentieller Champion. Und sicherlich hat der Nachwuchs siegreicher Eltern eine gute Chance, den Ruhm der Familie zu tradieren, aber eine Gewißheit dafür gibt es nicht.

Letztlich ist es die Persönlichkeit des einzelnen Tieres, was den Champion ausmacht. Und inwieweit die genetisch bedingt ist oder durch spezifische Erfahrungen und Umstände im Leben des jeweiligen Tieres geprägt wird, läßt sich schwerlich beantworten. Verhaltensstudien, die Aufschluß darüber geben könnten, sind kaum durchführbar, da Pferde als Versuchsobjekte zu teuer sind und eine zu lange Aufzucht benötigen. Aufgrund von Tests an geeigneteren Tieren, etwa weißen Mäusen, wissen wir, daß Siegertypen durch reines Training zu »erziehen« sind. So verschaffte man etwa die Möglichkeit, größer gewachsene Artgenossen zu beherrschen, indem man diese für eine gewisse Zeit sedierte. Sofort begann das Selbstbewußtsein der Kleinen zu wachsen, und das hielt auch dann noch an, als die Großen wieder voll da waren. Trotz ihrer körperlichen Unterlegenheit behielten die selbstbewußt gewordenen Kleinen weiterhin die Oberhand und entwickelten sich zu dominanten Tieren. Offensichtlich ist es vergleichsweise einfach, das Selbstbewußtsein eines Tieres durch die Manipulation sozialer Erfahrungen zu beeinflussen. Im Leben eines jeden Tieres – oder auch Menschen – gibt es zahllose scheinbar nichtige Ereignisse und Vorfälle, die seinen Charakter entscheidend beeinflußt haben könnten. Meist können wir nicht einmal ahnen, welch flüchtige Begebenheit in einem kleinen Fohlen innere Stärke und Siegeswillen hervorgerufen hat.

Sollte es möglich sein, den Charakter heranwachsender Jungpferde zu beeinflussen, so können wir Pferde vielleicht auch dazu bringen, selbst dann noch weiterzurennen, wenn die Erschöpfung bereits einen geradezu körperlichen

Schmerz hervorruft, den Spitzensportler nur allzugut kennen. Wollen wir diesen »Mechanismus« verstehen, so müssen wir uns nur ein wenig mit dem Fluchtverhalten wilder Pferde befassen. Der sicherste Platz für ein fliehendes Huftier, sei es nun ein Pferd, eine Antilope oder ein Zebra, ist in der Mitte der Herde. Vom Verfolger geschlagen wird am ehesten der Nachzügler. Bisweilen bildet auch das Fronttier eine willkommene Beute für ein im Hinterhalt lauerndes Raubtier, eilt es der Herde zu weit voraus und isoliert sich dadurch wie der Bummelant am Schluß. Der Überlebenstrieb wird demnach das Pferd wenn möglich in der Mitte der Gruppe halten — nach dem Motto »Sicherheit ist in der Menge«. Überträgt man diese Regel auf die Situation eines Rennens, dann ist es nicht mehr schwierig festzustellen, was den typischen Sieger ausmacht. Wenn wir die Filmaufnahme eines Rennens rückwärts laufen lassen, so sehen wir, daß der Sieger fast immer bis zur Zielgeraden im Mittelfeld liegt, meist in der dritten oder vierten Position. Er fühlt sich dort geborgen und würde vermutlich bis zum Ende des Rennens diesen Platz behalten, zwänge ihn nicht der Jockey zu einem verzweifelten Finish, häufig unter Einsatz der Peitsche. Dieser zusätzliche Antrieb, der wie der Biß eines Raubtiers wirkt, gibt dem Pferd das Gefühl, der Verfolger sei ihm bereits unmittelbar auf den Fersen. In seiner Todesangst überwindet es seine Furcht vor dem unsicheren Platz an der Spitze, und es rast den anderen voraus zum Sieg.

Nun aber nehmen die Jockeys aller günstig plazierten Pferde vor dem Ziel die Peitsche zur Hilfe, und alle Tiere reagieren darauf grundsätzlich auf die gleiche Weise. So entscheidet letztlich das Durchhaltevermögen, und das wiederum beruht am Ende einer langen Rennstrecke ganz wesentlich auf der Stärke des Herzens, sowohl körperlich, im Sinne eines Kreislaufmotors, als auch seelisch in Form einer durch einen unerschütterlichen Siegeswillen geprägten Persönlichkeit.

Einige Championpferde benötigen die Peitsche nicht. Sie übernehmen die Führung nicht deshalb, weil sie die Sicherhcit der Gruppe verlassen, sondern weil diese ihnen gegenüber zurückfällt. Solche Pferde haben einen idealen »Renn-Rhythmus«: Sie gehen weder vorschnell an die Spitze, noch lassen sie zu früh nach. Sie müssen daher weder zur Unzeit zurückgehalten noch angespornt werden, was beides unweigerlich wertvolle Energie kostet. Sie bleiben vielmehr ständig im Pulk, um am Schluß des Rennens auf Drängen des Jockeys zu einem kraftvollen Endspurt anzusetzen. Die Reiter dieser Super-Rennpferde brauchen sozusagen nur auf den Knopf zu drücken, und ab geht die Post.

Warum laufen manche Pferde langsamer als andere?

Nach jedem verlorenen Rennen treffen sich in der Regel Besitzer, Trainer und Jockey zu einer Art ritueller Lagebesprechung. Mit vereinten Kräften versuchen hierbei Trainer und Jockey ihrem Brötchengeber die Niederlage durch zufälliges Mißgeschick oder den Hinweis auf das Schicksal zu erklären. Schließlich geht es darum, den sofortigen Verkauf des Pferdes zu verhindern und für einen weiteren Monat die Zahlung zu sichern.

Gemeinhin gehen die Begründungen an den Tatsachen vorbei. Die Ursache der Niederlage dem Pferd, Jockey oder Trainer anzulasten oder auch nur zu erwähnen, daß die Tiere keine Maschinen sind, sondern Formschwankungen haben, ist tabu. Die enormen Kosten für den Unterhalt und das Training eines modernen Rennpferds verbieten »menschliche« Regungen. Das Pferd hat einfach immer zu gewinnen. Um ihren Kopf zu retten, greifen Trainer und Jockey folglich zu scheinbar einleuchtenden oder besonders abenteuerlichen Entschuldigungen. Ihre Erfindungsgabe kennt dabei kaum Grenzen, müssen doch nach jedem Mißerfolg neue Ausflüchte erfunden werden.

Als ein verzweifelter Pferdebesitzer einmal einer Fachzeitschrift sein Leid klagte und einige der denkwürdigen Erklärungen seiner Mitarbeiter zum Besten gab, löste er eine Flut von Zuschriften seitens seiner Leidensgenossen aus. Hier eine kleine Sammlung der fünfzig beliebtesten Ausflüchte:

1. Das Pferd hat sich verschluckt.
2. Das Pferd ist in ein Kaninchenloch am Rande der Rennbahn getreten.
3. Das Pferd ist von einem aufgewirbelten Stück Rasen getroffen worden.
4. Das Pferd hat einen aufgewirbelten Erdklumpen verschluckt.
5. Das Pferd ist mit der engen Kurvenführung nicht zurechtgekommen.
6. Das Pferd hat unmittelbar vor dem Start einen schmerzhaften Insektenstich erhalten.
7. Das Pferd ist von einem Fernsehübertragungswagen abgelenkt worden.
8. Das Pferd hat sich durch den Regen irritiert gefühlt.
9. Das Pferd hat unter einem Abszeß im Maul gelitten.
10. Das Pferd hatte ein verstauchtes Bein.
11. Das Pferd war partout nicht an den Stallungen vorbeizubewegen.
12. Das Pferd hatte plötzlich Muskelkrämpfe.
13. Das Pferd war durch den starken Wind verunsichert.
14. Das Pferd war müde beziehungsweise zu lebhaft.
15. Das Pferd wurde während des Rennens angerempelt.
16. Das Pferd hat einen Tritt erhalten.
17. Das Pferd konnte sich nicht mit dem langsamen beziehungsweise schnellen Tempo anfreunden.
18. Das Pferd ist zu vorsichtig beziehungsweise zu hastig gesprungen.
19. Das Pferd fühlte sich in dem starken Feld eingeengt.
20. Das Pferd fühlte sich durch das extrem kleine Feld nicht herausgefordert.
21. Das Pferd hatte etwas gegen den weichen beziehungsweise harten Boden.
22. Das Pferd konnte sich nicht mit dem Links- beziehungsweise Rechtskurs anfreunden.
23. Das Pferd war über- beziehungsweise untertrainiert.

24. Das Pferd ist besser auf einer längeren beziehungsweise kürzeren Distanz.
25. Das Pferd hat den Start verpaßt und ist dadurch zu weit in Rückstand geraten.
26. Das Pferd ist von der Peitsche eines gegnerischen Jokkeys voll ins Gesicht getroffen worden.
27. Der Sattelgurt war zu fest beziehungsweise nicht fest genug angezogen.
28. Das Pferd verfügt über zu wenig beziehungsweise zu viel Erfahrung.
29. Das Pferd ist auf dem Weg zum Startplatz durchgegangen beziehungsweise scheute beim Start.
30. Das Pferd war vom übrigen Feld hoffnungslos eingeschlossen.
31. Das Pferd litt unter der langen Reise zum Austragungsort des Rennens.
32. Das Pferd hat in seiner Box schädliche Dämpfe eingeatmet.
33. Das Pferd wurde in der Nacht vor dem Rennen von einem nahen Feuerwerk in seiner Ruhe gestört.
34. Der Sattelgurt ist gerissen.
35. Das Pferd hat ein Hufeisen verloren.
36. Das Pferd ist rossig geworden.
37. Das Pferd hat zu früh an der Spitze gelegen beziehungsweise es hat nur Erfolg, wenn es von Anbeginn vorne liegt.
38. Das Pferd hatte keinen Appetit.
39. Das Pferd konnte sich nicht genügend warmlaufen.
40. Das Pferd darf nicht so hart beziehungsweise sollte härter angefaßt werden.
41. Das Pferd muß kastriert werden.
42. Das Pferd ist anämisch.
43. Der Vater des Pferdes hat seine Topform auch erst in fortgeschrittenerem Alter erreicht.

44. Der Jockey glaubte, es sei noch eine weitere beziehungsweise keine weitere Runde zurückzulegen.
45. Der Jockey meinte irrtümlich, irgend etwas stimme nicht, und ließ das Pferd auslaufen.
46. Der Jockey hat die Peitsche verloren.
47. Der Jockey hielt den letzten Zweihundertmeterposten versehentlich für das Ziel.
48. Der Jockey wurde während des Rennens getreten.
49. Der Handikapper war falsch berechnet, und das Pferd mußte folglich zuviel Gewicht tragen.
50. Im Stall ist eine Virusinfektion.

Jeder Pferdehalter, der noch nie mit einer dieser Ausreden konfrontiert worden ist, kann nur ein Wundertier besitzen.

Die vielleicht aberwitzigste Notlüge zur Rechtfertigung eines schlechten Abschneidens lieferte ein Nachwuchs-Jockey. Vor die Rennrichter zitiert, erwiderte er auf die Frage, warum er sich nicht mehr angestrengt habe: »Mein Auftraggeber hat mir die Anweisung erteilt, auf keinen Fall unter den ersten Sechs ins Ziel zu kommen.«

Warum laufen Rennpferde nicht von Jahr zu Jahr schneller?

Unsere Leichtathleten laufen fast Jahr für Jahr immer schneller. Die Rekorde auf der Aschenbahn jagen sich, und kaum einer hält länger als einige Jahre. Das heutige Rennpferd dagegen scheint trotz gezielter Züchtung und aufwendigen Trainings die Grenzen seiner Leistungsfähigkeit erreicht zu haben. Während der letzten hundert Jahre sind Geschwindigkeitssteigerungen und folglich neue Bestzeiten selten geworden. Eigentlich sollte eine bewußte, sich über Generationen erstreckende Züchtung der schnellsten Pferde eine ständige Steigerung der Ergebnisse zur Folge haben. Doch dies ist offensichtlich nicht der Fall; irgend etwas scheint demnach nicht zu stimmen.

Pferderennen ist ein uralter Sport. Anfänglich wurden die Pferde bei solchen Anlässen jedoch nicht geritten. Die Beduinenscheichs ließen vielmehr die Tiere ohne Reiter gegeneinander um die Wette laufen. Sie gaben den Pferden nichts zu trinken und bestimmten eine nahegelegene Wasserstelle als Ziel. Das Pferd, das als erstes dort ankam, war der Gewinner. Die frühesten detaillierten Aufzeichnungen über einen Pferdetrainer stammten aus dem Mittleren Osten und sind über 3300 Jahre alt. Anno 648 vor Christus ließen die alten Griechen erstmals Reiter auf ungesattelten Pferden gegeneinander antreten, und 150 Jahre später wurden spezielle Wettbewerbe für Stuten und für Nachwuchsreiter eingerichtet. Die Römer waren geradezu fanatische Anhänger des Rennsports. Um Christi Geburt wurden in Rom bis zu einhundert Rennen am Tag ausgetragen. Von Menschen überquellende Zuschauerränge, Tumulte, abenteuerliche Wetten, im voraus abgesprochene Sieger, Bestechungen, Doping und all die anderen bis heute bekannten Erscheinungen und Elemente des Rennsports waren bereits damals gang und gäbe. Mit dem Zusammenbruch des Römischen Reiches verschwanden auch die organisierten Rennen. Die Einfuhr der schnellen orientalischen Pferde nach Europa kam zum Erliegen, und die schweren Schlacht- und Arbeitsrosse beherrschten nun ein Jahrtausend lang die Szene.

Im Verlauf der Kreuzzüge erwachte ein neues Interesse an den edlen Vollblütern des Vorderen Orients. Die Ritter bewunderten die feurigen Pferde ihrer Feinde und brachten einige der wundervollen Tiere als Andenken mit zurück in die Heimat. In London wurden mit ihnen allwöchentlich Rennen veranstaltet. Die Besitzer der Gewinner erhielten Geldpreise, wobei der Halter des ersten siegreichen Pferdes, von dem wir Kunde haben, immerhin die für damalige Verhältnisse stattliche Summe von vierzig Goldpfund bekam. Allerdings blieben die Rennen eine Randerscheinung, und Rennpferde spielten im Vergleich zu den Jagd- und Schlachtrossen eine eindeutige Außenseiterrolle. Das änderte sich erst, als im Gefolge neuer Waffentechniken die Ritter mit ihren schweren Rüstungen durch die bewegliche und schnelle Kavallerie abgelöst wurden.

In der Folgezeit nahmen Pferderennen zu; sie wurden mehr und mehr mit Vollblütern ausgetragen und systematisch organisiert. Seit dem 18. Jahrhundert entwickelten sie sich unter der Schirmherrschaft des englischen Königshauses zu einer echten Institution. Man führte vier prächtige Araberhengste und fünfzig Araberstuten aus dem Nahen Osten ein und begründete mit diesen Tieren das sogenannte »(Altenglische) Vollblut«. Seit 1793 wird das »General Stud Book«, das Allgemeine Zuchtbuch, geführt, das den Stammbaum eines jeden Vollblüters registriert. Die Idee hierzu lieferten wahrscheinlich die arabischen Pferdezüchter. Sie waren seit langem auf Reinrassigkeit bedacht — das arabische Wort für Vollblut, *Kehilan,* bedeutet etwa soviel wie »durch und durch reinrassig« — und verfügten über Aufzeichnungen über die Ahnenreihe all ihrer Spitzenpferde.

Kurze Zeit nach seiner Einführung wurde das Allgemeine Zuchtbuch für neue Zuchtpferde geschlossen. Somit basiert das Vollblut bis heute auf dem sehr beschränkten genetischen Material der wenigen Zuchtpferde, die im 18. Jahrhundert nach England eingeführt wurden. Schätzungsweise 81 Prozent aller heutigen Vollblüter stammen von genau 31 Urahnen ab. Am Anfang dieser neuen Zucht ließen sich noch genetische Verbesserungen erreichen. So nahm die Geschwindigkeit der Rennpferde bis 1900 jährlich um etwa zwei Prozent zu. Ihre Körpergröße nahm alle 25 Jahre um jeweils 2,5 Zentimeter zu, bis die Tiere eine Durchschnittsgröße von 1,62 Meter erreicht hatten; und auch ihre Beine wurden länger und schlanker. Die Zucht hat so das moderne Rennpferd zwar seinerseits zu einer Rennmaschine perfektioniert, andererseits jedoch auch an die Grenzen seiner Möglichkeiten geführt. Viele der heute noch gültigen Rekor-

de sind daher bereits ein halbes Jahrhundert alt. Die Bestzeit des Derbys, des großen klassischen Rennens mit seinem 2414 Meter langen Rundkurs, wurde 1926 mit einer Durchschnittsgeschwindigkeit von 61 Stundenkilometern erzielt. Kürzere Distanzen wurden auch bereits damals mit Geschwindigkeiten bis zu 71 Kilometern pro Stunde gelaufen. Nun sind schon seit langem keine Steigerungen mehr zu verzeichnen, obwohl in der Zucht stets nur die Champions zum Zuge kommen und insofern eine laufende Leistungsverbesserung die Folge sein müßte. Anscheinend jedoch ist der genetische Grundstock der Tiere wegen der wenigen Ureltern zu beschränkt, oder aber unsere Trainingsmethoden lassen zu wünschen übrig.

Ist das begrenzte genetische Material die Ursache der heutigen Stagnation, so wäre es an der Zeit, das Allgemeine Zuchtbuch wieder »aufzuschlagen« und den Bestand durch frisches Blut aus dem Nahen Osten aufzufrischen. Ist die mangelnde Leistungssteigerung jedoch durch die gegenwärtig angewandten Trainingsmethoden bedingt, sollten wir uns viel eingehender mit dem unnatürlichen Leben unserer Vollblüter befassen. Behalten die Stimmen die Oberhand, die sich scharf gegen jegliche Einmischung in die geheiligten Traditionen des Rennsports wenden und sich dafür einsetzen, »alles beim alten zu belassen«, so steht der materielle und immaterielle Aufwand, der mit Rennpferden getrieben wird, in keinem angemessenen Verhältnis zum Erfolg. Sicher ist, daß in der Welt des Rennsports irgend etwas nicht stimmt. Die Zeit scheint reif für Neuerungen in Zucht und Training. Doch wie üblich lösen noch unbekannte Risiken Angst aus: Besitzer und Trainer scheuen bei einem neugeborenen, potentiellen Championfohlen vor jeglichem Experimentieren zurück, denn Unsummen stehen auf dem Spiel. Früher oder später freilich wird einer den entscheidenden Schritt wagen und damit dem Pferderennsport des 21. Jahrhunderts neuen Aufschwung geben.

Warum benutzen Jockeys die Peitsche?

Die Peitsche wird benutzt, um das Pferd zu lenken und anzutreiben; gelegentlich auch, um es zu bestrafen. Viele kritische Beobachter des Rennsports halten die Peitsche für grausam und unnötig obendrein und fordern ihr Verbot. Manche Länder kennen bereits strenge Auflagen. In Skandinavien zum Beispiel ist es den Jockeys untersagt, die schlagende Hand vom Zügel zu nehmen, was die Wirkung des Hiebes erheblich mindert. Andernorts wurde die Anzahl der Schläge, die während eines Rennens gestattet sind, begrenzt. Spezielle Rennkommissare überwachen die Einhaltung der Regeln, und Jokkeys, die dagegen verstoßen, werden bestraft.

Auch Renn-Insider sprechen sich gegen die Peitsche aus. Eine bekannte Autorität auf dem Gebiet der Vollblutzucht hat freimütig bekannt, das Schlagen von Pferden sei vermutlich »auf die dem Menschen vor allem auf den frühen Stufen der Zivilisation innewohnende Tendenz zurückzuführen, Haustiere gnadenlos zu züchtigen«. Und ein ehemaliger Trainer hat unlängst eingeräumt, sogar ihm als Profi sei es äußerst unangenehm, zu sehen, wie müde Pferde geschlagen werden. »Die brutalen Schläger«, meinte er, »haben lange genug ihr Unwesen getrieben.« Im gleichen Atemzug freilich wies er aus Angst vor der Reaktion der Vertreter der harten Welle darauf hin, daß er selbst keine weichen Methoden praktiziere. Doch langsam beginnen auch die verbohrtesten Schläger die öffentliche Meinung zu fürchten. Der Alarmruf eines anderen Ex-Trainers, der aufgebracht erklärte: »Zur Hölle mit diesen verdammten Peitschen«, wurde sogar von einer Tageszeitung zur Schlagzeile erhoben. Dieser Mann forderte im weiteren ausdrücklich die Besucher von Flachbahnrennen auf, »ihr Augenmerk auf die miesen Jockeys zu richten, die die auf den Flanken ihrer Pferde zurückgebliebenen Striemen wegstreichen, ehe sie zum Absattelplatz kommen«. Man sieht also, nicht nur die Behörden, sondern auch die betroffenen Schläger reagieren inzwischen auf ein zunehmend sensibilisiertes Publikum, das nicht länger bereit ist, die alten Ausreden, mit denen gegenüber Tieren begangene Grausamkeiten gerechtfertigt werden, gelten zu lassen.

Doch soll und kann die Peitsche ganz verschwinden? Viele Jockeys werden antworten, dies hätte katastrophale Folgen. Sie wären unter solchen Umständen nicht mehr in der Lage, ihr Pferd im Gedränge eines Rennens zu lenken, was unnötige Zusammenstöße, Stürze und Verletzungen zur Folge haben werde. Außerdem brauche das Tier beim Finish einen leichten Schlag, um sich aus der Geborgenheit der Herde zu lösen und sich an die Spitze des Feldes zu setzen. Wenn diese Stimmen recht haben, wie sieht dann die Lösung der »Peitschenfrage« aus?

Was sich deutlich abzeichnet, ist ein Kompromiß zwischen den widerstreitenden Ansichten. Die Definition des verbotenen harten Schlagens muß präzisiert und die Strafe hierfür erhöht werden. Ein leichter Hieb mit der Peitsche dagegen kann weiterhin erlaubt bleiben. Ein solcher Hieb gleicht etwa einem Schlag auf den eigenen Schenkel und genügt bei einer so feinfühligen Kreatur wie dem Pferd völlig, um den angestrebten Zweck zu erreichen. Schmerzhafte Schläge hingegen sind gänzlich unnötig.

Das Problem stellt sich ohnehin nur, weil Jockeys einem ungemein starken Erfolgszwang ausgesetzt sind. Sie werden häufig von ihren Arbeitgebern, den Pferdebesitzern, beschuldigt, mit den Tieren nicht hart genug umzuspringen, wenn sie ein aussichtsreich liegendes Pferd kurz vor dem Ziel nicht gehörig antreiben. Sie werden von um ihr Geld bangenden Wett-Hasardeuren heftig mit »Schlag zu, schlag doch zu!« angefeuert, wenn sie dem führenden Pferd dicht aufliegen. Diese Wettbrüder sind sicherlich nicht besonders grausame Typen. Vom Rennfieber gepackt, verlieren sie in der Schlußphase eines Rennens ihre normalen Maßstäbe und Hemmungen, und so manchem Jockey ergeht es ähnlich. Sie sehen den Sieg greifbar nahe, falls nur ihr Pferd noch ein wenig schneller liefe. Um das zu erreichen, schlagen sie so hart wie möglich zu. Genau dieser Vorgang widert einen Teil des Publikums an und bringt es gegen den Rennsport auf.

Dabei erzielen die Jockeys mit ihren brutalen Hieben in Wahrheit eher das Gegenteil der gewünschten Wirkung. Ei-

ne leichte Berührung, ein leichter Schlag löst in dem Pferd das instinktive Empfinden aus, ein Raubtier sei ihm unmittelbar auf den Fersen; es wird deshalb all seine Kräfte einsetzen, um dem vermeintlichen Verfolger zu entkommen. Brutale Schläge demgegenüber, die zudem noch mehrfach auf dieselbe Körperstelle treffen, veranlassen das Tier, vor dem »Verursacher« des Schmerzes auszuweichen. Es bricht seitlich aus, macht gar einen abrupten Satz, verliert den Rhythmus und wird infolgedessen für den unter Umständen entscheidenden Bruchteil einer Sekunde langsamer.

Es sollte daher ein für allemal jedermann klar sein: Ein Pferd hart zu schlagen ist durch nichts zu rechtfertigen und uncntschuldbar.

Weiß ein Pferd, ob es ein Rennen gewonnen hat?

Die harte Welt des Rennsports ist von sentimentalen Regungen nicht frei, vor allem im Augenblick eines Sieges. Gleichwohl gehört der Glaube, ein Championpferd wisse um seinen Triumph, ins Reich der Phantasie. Denn sämtliche Umstände eines Rennens sowie die Reaktion der Pferde sprechen — entgegen der Meinung fast sämtlicher Experten — eindeutig gegen die Vorstellung, das Tier wisse, daß es gerade viel Geld für seinen Besitzer, Trainer oder Jockey erlaufen habe.

In der Endphase eines Rennens gibt ein Pferd sein Letztes, doch nicht etwa, um zu gewinnen, sondern um seinem Reiter gefällig zu sein. Pferde sind sensible und außerordentlich willige Tiere. Sie respektieren ihren Herrn und führen gehorsam dessen Befehle aus. Sie spüren, wenn dieser von ihnen eine Steigerung oder Drosselung des Tempos verlangt. Sie spüren seinen Willen durch den unmittelbaren körperlichen Kontakt zu ihm: die Berührung seiner Hand, den Druck seiner Schenkel, die Anspannung seines Körpers. Sie erkennen seine Befriedigung an einem belobigenden Halsklopfen oder an seinen Freudenschreien. Aber sie vermögen solche Äußerungen nicht mit dem für uns entscheidenden siegreichen Überqueren der Ziellinie in Verbindung zu bringen. Das wäre menschlich gedacht und liegt gänzlich außerhalb der Empfindungskategorien eines Pferdes.

Erstaunlicherweise tun sich viele Pferdeliebhaber schwer, diese Tatsache zu akzeptieren. Dabei kann oftmals nur das Zielfoto den Sieger bestimmen. Wie sollten dann die betroffenen Pferde selbst wissen, welches von ihnen gewonnen hat? Auch bei eindeutigem Rennausgang, wenn der Erst- dem Zweitplazierten eine ganze Länge voraus ist, dürfte dem Pferd die Bewandtnis eines bestimmten weißen Pfostens, der das Ziel markiert, nicht gewärtig sein. Ja, es läßt sich nicht einmal mit Bestimmtheit sagen, ob Pferde überhaupt wissen, daß sie an einem Rennen teilnehmen.

Für ein Pferd bedeutet ein Rennen wohl etwas ganz anderes als Sieg oder Niederlage. Es lebt in einem engen Stall und darf sich endlich auf einer wundervollen Graspiste austoben. Es wird ermuntert, so schnell wie möglich zu laufen, bis es ermüdet oder der Reiter sich auf seinem Rücken entspannt und mit dem Antreiben aufhört. Das Pferd verschafft sich die ersehnte Bewegung, und zwar zusammen mit anderen Artgenossen, was eine Art Herdenpsychose bewirkt. Wettrennen, um zu siegen, gehören ohne Frage jedenfalls nicht

zum Weltbild des Pferdes, obwohl dies die Romantiker unter den Rennbegeisterten gerne so hätten.

Ein vor Anstrengung noch dampfendes irisches Siegerpferd wurde einmal von einem Fernsehkommentator mit den Worten vorgestellt: »Das Pferd weiß ganz sicher, daß es das Rennen gewonnen hat.« Gleichzeitig wurde das schwer schnaubende Tier von einer fröhlich lärmenden Menge glücklicher Wetter umringt, die ihm, wo gerade möglich, anerkennende Klapse verabreichten. Wie das Pferd den Radau und das Getätschel aufnahm, sei dahingestellt. Vielleicht war es verwirrt und irritiert. Vielleicht glaubte es einen fürchterlichen Fehler begangen zu haben, weil es von lauter lärmenden Zweibeinern eingekesselt war, während seine Gefährten Ruhe und Frieden genossen. Wie auch immer, Pferde sind gewiß intelligente und hochsensible Lebewesen. Sie denken und fühlen aber weder wie wir, noch sind sie Spieler oder Genies, und keinesfalls wissen sie um ihren Sieg in einem Rennen.

Wieso sprechen wir von Steeplechase-Rennen?

Das auch im Deutschen unter dem englischsprachigen Begriff *Steeplechase* bekannte Hindernisrennen verdanken wir zunächst der List des Fuchses und später der Unehrlichkeit des Menschen. Zuerst zum Fuchs.

Eines schönen Nachmittags etwa Mitte des 18. Jahrhunderts ritt eine vom schlauen Reineke ausgetrickste Gruppe von Jägern ohne jegliche Beute nach Hause. Um der trüben Stimmung abzuhelfen, hatte einer der Waidmänner – so jedenfalls lautet die Kunde – den plötzlichen Einfall zu einem Wettrennen. Er behauptete, er werde als erster den in der Ferne deutlich sichtbaren Kirchturm des Heimatdorfes erreichen. Um die Sache spannender zu machen, vereinbarte man, so direkt wie möglich auf das Ziel zuzureiten und keinem Hindernis auszuweichen. Wer zuerst mit seiner Peitsche den Glockenturm berühre, dem sollte der Sieg gebühren. So entstand aus dem »Kirchturm-Jagen« der Begriff *Steeplechasing**, der später synonym für »Hindernisrennen« verwendet wurde.

Nun waren Flach- und Jagdrennen schon lange vor dieser Begebenheit gang und gäbe. Doch niemand war auf die Idee gekommen, beide Zerstreuungen miteinander zu verbinden. Einmal erfunden, verbreitete sich der neue Zeitvertreib rasch auf den britischen Inseln. Im Jahre 1752 fand in Irland

---

* Engl. *steeple* = Kirchturm; Anm. d. Übers.

das erste verbürgte *Steeplechasing* statt. Zwei Reitersleute, die Herren O'Callaghan und Blake, legten dabei die über sieben Kilometer lange Strecke zwischen den Kirchtürmen der Ortschaften Buttevant und St. Leger im Galopp zurück. Dem Gewinner winkte ein Faß Portwein, ein halbes Faß Bordeaux und ein Viertelfaß Jamaika-Rum. Wer der Sieger war, ist nicht überliefert. Na ja, nach dem Genuß des ausgesetzten Siegerpreises war vielleicht niemand mehr in der Lage, etwas schriftlich festzuhalten, enthielt doch ein altes englisches Weinfaß immerhin 477,3 Liter.

In der zweiten Hälfte des 18. Jahrhunderts wurde das *Steeplechase* meist auf höchst einfache und informelle Weise von Kirchturm zu Kirchturm ausgetragen. Erst eingangs des folgenden Jahrhunderts begann man den Sport zu organisieren. Und so dauerte es nicht lange, bis unehrliche Menschen ins Spiel kamen. Flachrennen waren bis zu diesem Zeitpunkt den Jagdpferden vorbehalten, Tieren also, die nicht eigens zu Rennzwecken gezüchtet wurden. Einige Reiter gaben nun freilich vor, ihre Pferde entsprächen der Regel, obwohl es sich in Wahrheit um schnellfüßige Vollblüter handelte. Kein Wunder, daß sie die schwereren, auf die Verfolgung von Wild spezialisierten Jagdpferde im *Steeplechasing* mühelos schlugen. Um solchen Betrügereien ein Ende zu bereiten, kam man auf den Gedanken, Flachrennen zu veranstalten, die mit natürlichen Hindernissen nachempfundenen Hürden ausgestattet waren. Insofern hat neben der füchsischen Schläue menschliche Falschheit den Anstoß zum heutigen *Steeplechase* gegeben.

Das erste echte *Steeplechase*-Rennen wurde 1810 im englischen Bedford ausgetragen. Der Rundkurs maß etwa fünf Kilometer und zählte acht Hindernisse von je etwa 1,37 Meter Höhe, die oben mit einem dicken Balken abschlossen. Normale Jagdpferde scheiterten an ihnen unweigerlich. Die neue Rennart, bei der regelmäßig einige der zweibeinigen Akteure unsanft auf dem Boden landeten, zog die für damalige Verhältnisse riesige Zuschauermenge von über 40000 Besuchern an. Das Risiko der Reiter erhöhte den Kitzel der Rennen, die Gefährdung der Tiere dagegen löste Unbehagen und Kritik aus. Das bekannteste Beispiel hierfür ist das einzigartige — heute auf der ganzen Welt berühmte — Grand-National-Rennen, das seit 1839 alljährlich in Aintree ausgetragen wird. Seine enthusiastischen Anhänger begeistern sich bis heute an seinen unwahrscheinlichen Schwierigkeiten, seine Gegner hingegen lehnen es wegen der Schinderei der Tiere ab. Ja, manche Pferdebesitzer weigern sich schlicht, ihre geliebten Pferde auf diesen brutalen, 7,2 Kilometer langen Kurs zu schicken. Die stolze Besitzerin eines Grand-National-Siegers hat unlängst sogar zugegeben, sie habe vor lauter Entsetzen dem Siegeslauf ihres Pferdes nicht zuschauen können. Sie zog daraus die Konsequenz und ließ das Tier kein zweites Mal antreten.

Allein schon aus Tradition ist das *Steeplechasing* dennoch in seinem Ursprungsland sehr beliebt. In den Vereinigten Staaten dominieren mehr die Flachrennen. Anscheinend scheuen dort die Wetter die großen Risiken, die Hindernisrennen vergleichsweise unkalkulierbar machen, denn selbst der größte Favorit kann unvermittelt stürzen und so zu Schaden kommen. Merkwürdigerweise bestätigt aber die Statistik die Ängste nicht. Vielmehr lassen sich die Gewinner von Hindernisrennen sicherer voraussagen, als dies bei Flachrennen der Fall ist. Das gegenüber dem *Steeplechasing* eingewurzelte Vorurteil läßt sich gleichwohl nicht ausrotten, und weltweit gesehen hat dieser Sport nie die Popularität der viel älteren Flachrennen erreicht.

Wem verdanken wir die Erfindung des Steigbügels?

Weder die alten Griechen noch die Römer, weder Alexander der Große noch Julius Cäsar kannten den Steigbügel. Diese Tatsache wird den Leser vermutlich sehr erstaunen. Ritten die Heerführer der Antike in die Schlacht, so drückten sie ihre Schenkel voll an den Körper ihrer Tiere — in der Hoffnung sozusagen, es werde schon gutgehen. Xenophon etwa erteilt in seinen Schriften folgende Anweisung: »Der Reiter hat ganz aufrecht mit leicht seitlich abgewinkelten Beinen auf dem Pferd zu sitzen. Dadurch kann er sich mit seinen Schenkeln viel fester an das Tier klammern und sich auch während des Reitens gerade halten, um den Speer mit möglichst geballter Kraft von sich zu schleudern.« Auf diese höchst unbequeme Weise, also ohne die Stabilität, die der Steigbügel dem Reitvorgang verleiht, die Welt oder wie allein Alexander der Große ein Gebiet von mehr als fünf Millionen Quadratkilometern Fläche zu erobern, ist schon eine bewundernswerte Leistung.

Ein völlig auf der Schenkelkraft beruhendes Reiten ohne Sattel und Steigbügel verlangt durchtrainierte und erfahrene Reiter. Ansonsten ist es unmöglich, eine Schlacht auf dem Pferderücken unbeschadet zu überstehen. Zudem schränkt diese Form des Reitens die Handlungsfreiheit enorm ein und erschwert das Auf- und Absteigen. Insofern nimmt es in der Tat wunder, daß damals niemandem der Gedanke an einen Sattel samt Fußhalterung gekommen ist oder wenigstens die Idee einer vergleichbaren Vorrichtung. Vielleicht hat die damals herrschende strenge militärische Zucht die Phantasie blockiert.

Wer aber hat nun den Steigbügel erfunden? Nach Ansicht russischer Historiker die Skythen. Sie stammten aus dem eurasischen Raum, drangen bis Nordgriechenland vor und waren hervorragende Reiter. Auf frühen Kunstgegenständen dieses Volkes lassen sich Pferde erkennen, die möglicherweise einen Gurt mit Steigbügeln tragen, allerdings sind diese nur schemenhaft zu erahnen und somit nicht beweiskräftig. Die Tatsache, daß Alexander der Große von den Skythen Pferde bezogen hat, erhöht unsere Zweifel. Denn warum hat er dann die geniale Erfindung des Steigbügels nicht mitübernommen?

In den heißeren Regionen weiter östlich auf dem indischen Subkontinent, wo die Reiter barfüßig waren, taucht etwa 200 Jahre vor Christus ein in Schleifen gelegtes Seil auf. Die dortigen Reiter stützten darin offenbar ihre Zehen ab, was das Aufsteigen erleichterte. Von Indien aus als dem wahrscheinlichen Herkunftsland unseres Steigbügels verbreitete sich seine einfache und gleichzeitig so folgenreiche Frühform über ganz Asien bis hin in die kälteren Zonen Europas. Dort trugen die Reiter zum Schutz gegen die Kälte schwere Stiefel, was anstatt des schmalen Zehenbügels den breiteren und stabileren »Voll-Fuß«-Steigbügel erforderte.

Vor der Einführung der neuen Erfindung waren die lanzenwerfenden Krieger gezwungen gewesen, sich mit einer Hand am Pferd festzuhalten, da der Schenkeldruck allein nicht zur Wahrung des Gleichgewichts ausreichte. Nun hatten sie beide Hände zur Waffenführung frei, konnten in vollem Galopp ihre Bögen abschießen und somit den Gegner ungleich wirkungsvoller angreifen. Die mongolischen Horden unter Attila machten sich bei ihrem Vormarsch nach Westen dessen Vorteil zunutze. Aufgrund des neugewonnenen Bewegungs- und Handlungsspielraums »erlegten« und erschlugen sie von der sicheren und Übersicht bietenden

Höhe ihrer flinken Pferde aus zahllose Feinde. Nicht zu Unrecht hat ein Militärhistoriker behauptet, die Einführung des Steigbügels sei im Zeitraum zwischen der Domestikation des Pferdes und der Erfindung des Schießpulvers der bedeutendste Meilenstein auf dem Gebiet der Kriegsführung gewesen.

Im achten nachchristlichen Jahrhundert finden wir den Steigbügel bereits überall in Europa. In Verbindung mit einem verbesserten Sattel revolutionierte er dort die westliche Reitkunst. Jeder Reiter, auch der unerfahrene und ungeübte, fühlte sich endlich »sattelfest«. Die schweren Rüstungen der Ritter wurden möglich. Reiten war nicht länger ausschließlich den jungen und sportlichen Leuten vorbehalten, körperliche Verfassung, Größe, Gewicht und Alter spielten künftig eine zweitrangige Rolle. Und schließlich hatte man nun auf dem Rücken der Pferde beide Hände zur freien Verfügung.

Wieso bringen Hufeisen angeblich Glück?

Hufeisen-Symbole gibt es überall in der Welt in allen möglichen Varianten: als Anhänger, Schlüsselring, Hochzeitskuchen, Grußkarte oder Autozierat. Auf dem Land finden wir noch echte Hufeisen über Eingangstüren, an Hauswänden und vor allem über Stalltoren. Seefahrer nageln sie zuweilen an Schiffsmasten, wie etwa Admiral Nelson auf seinem Flaggschiff *Victory*. Einige Taxifahrer gehen in ihrem Aberglauben sogar soweit, auf einem U in der Zulassungsnummer ihres Wagens zu bestehen, da die Form dieses Buchstabens derjenigen des Hufeisens ähnelt.

In all diesen Fällen hat das Hufeisen die gleiche Bedeutung: Es soll Schutz gewähren und Glück bringen. Doch wieso? Ohne daß sie zu sagen wüßten, warum, ist das Hufeisen für die meisten Menschen ein altes glücksbringendes Symbol, dessen Bedeutung sie nicht hinterfragen. Doch auch die Wißbegierigen bringen bei ihrer Suche nach den Wurzeln dieses Volksglaubens keine eindeutigen Erklärungen zutage.

Eine recht einfache Theorie leitet den um das Hufeisen sich rankenden Aberglauben von dessen schützender Funktion beim Pferd ab. Es verhindert Abnutzung und Verletzungen der Hufe. Warum also sollte es in übertragenem Sinne nicht auch uns vor Unbill bewahren?

Verstärkt wird diese Vorstellung durch die in den Augen unserer Vorväter offenkundig magischen Eigenschaften des Hufeisens. Sie hatten noch keine Kenntnis von der Beschaffenheit des Pferdehufes; beeindruckt sahen sie lediglich, wie das heiße Eisen auf den Huf genagelt wurde, ohne dem Tier Schmerzen zu bereiten.

Was die Zauberkraft des Hufeisens weiter steigerte, war die Tatsache, daß es mit sieben Nägeln am Huf befestigt wurde, und die Sieben war seit altersher eine Glückszahl. Auch hielten unsere Vorfahren das Eisen für geeignet, den Teufel zu verjagen. Sie klopften daher auch noch lieber dreimal auf Eisen als auf Holz.

Hufeisen waren obendrein mehr als nur geisterbannende Eisenstücke. Ihre U-Form erinnerte die Menschen an ein aufwärts gerichtetes Hörnerpaar. Hörner — und dieser Glaube geht weit in heidnische Zeiten zurück — repräsentierten den Gehörnten Gott. In ihrem Bestreben, einerseits bereits bestehende religiöse Symbole zu verwenden, diese aber andererseits zu entweihen, machten die frühen Christen den Gehörnten Gott zum gehörnten Teufel. Trotzdem ließ sich der Glaube an die schützende und glückverheißende Kraft des nach oben weisenden Hörnerpaars nicht ausrotten. Wie vor Jahrtausenden sehen wir es noch heute an Häusern und landwirtschaftlichen Gebäuden, insbesondere im Mittelmeerraum. Auch die Geste der »gehörnten« Hand gibt bis in unsere Tage noch manchenorts als glückbringend.

Unsere christlichen Vorfahren setzten alles daran, den heidnischen Sinngehalt des Hufeisens auszulöschen. Sie taten so, als müsse man es mit der Öffnung nach rechts »lesen«, und behaupteten, es repräsentiere den ersten Buchstaben im Namen Christi, also ein C. Den Leuten erzählte man kurzerhand, dies sei schon immer die einzig richtige Deutung des Hufeisens gewesen. Ein heidnischer Brauch wurde so gleichsam »christianisiert«.

Wieder andere verwandten das Hufeisen nach unten geöffnet, was angeblich besonders gegen Dämonen helfen sollte. Ja, die Bewohner mancher Landstriche unterschieden genau zwischen dem nach oben gerichteten Hufeisen als Glücksbringer und dem nach unten weisenden als Beschützer. Bei letzterem spielt auch die Symbolkraft der weiblichen Genitalform eine Rolle. Diejenigen, die es für abwegig halten, daß früher Sexualmotive an die Hauswand genagelt wurden, seien auf mittelalterliche Kirchen verwiesen. Über vielen Portalen waren damals eindeutige Symbole des weiblichen Geschlechtsteils dargestellt. Diese Darstellungen sollten dem Teufel sofort ins Auge stechen und ihn davon abhalten, in den geweihten Raum einzudringen und dort sein Unwesen zu treiben. Das auf den Kopf gestellte Hufeisen fungierte wohl als ein abgeschwächtes Ersatzsymbol hierfür, das weniger Anstoß erregte und daher allgemein eher akzeptabel war.

Auch im Sprachlichen stoßen wir in Verbindung mit dem Hufeisen auf sexuell gefärbte Bezüge. In der englischen Umgangssprache etwa nannte man im 18. Jahrhundert das weibliche Genital auch *horseshoe* (Hufeisen), und in Deutschland hieß es von einem verführten Mädchen, es habe »ein Hufeisen verloren«.

Neben den schon genannten gibt es noch zahlreiche weite-

re Deutungen des Hufeisens als Glücksbringer. So betrachteten in früheren Zeiten manche das Hufeisen als Heiligenschein und somit als Symbol der Heiligkeit, andere wiederum hielten es für ein Sinnbild des zunehmenden Mondes, um nur zwei dieser Interpretationen zu nennen. Die erste dieser Deutungen beschwor den Schutz der Heiligen, die zweite das Wohlgefallen der Mondgottheit.

Welcher der genannten Faktoren nun auch immer das Hufeisen zum Glückszeichen hat werden lassen, seine Anziehungs- und Symbolkraft ist bis heute ungebrochen geblieben. Es ist bei Millionen von Menschen als Talisman beliebt, auch wenn sie nichts von den Ursprüngen dieses Aberglaubens wissen.

Woher stammen die Zierbeschläge?

In unseren heutigen Augen sind die an Pferdegeschirren angebrachten Zierbeschläge, teilweise auch *Flatterscheiben* genannt, ausschließlich prunkvolles Beiwerk, mit dem wir schwere Gäule bei Umzügen und feierlichen Anlässen schmücken. In früheren Zeiten kam solchen Beschlägen jedoch eine wichtige inhaltliche Bedeutung zu. Als Relikte heidnischen Glaubens waren die Zierbeschläge ursprünglich Amulette zum Schutz gegen böse Geister, was sich bis zum Anfang der Beziehung zwischen Mensch und Pferd zurückverfolgen läßt.

Seit der Domestizierung der Pferde bot der Besitz eines solchen Tieres einen ungemeinen Vorteil gegenüber Mitmenschen ohne Pferd. Unser vierbeiniger Gefährte wurde zu einem wertvollen Haustier, um das man sich sorgte. Denn die dunklen Mächte hatten es vor allem auf den kostbarsten Besitz des Menschen abgesehen. Sie verfügten über ein breites Repertoire schlimmer und abgefeimter Mittel, um ihr verheerendes Unwesen zu treiben; eines dieser Mittel war der böse Blick. Niemand wußte genau, worin er bestand, wer ihn hatte, wodurch er wirkte. Menschen mit schielenden oder eigenartig gefärbten Augen wurden zwar bevorzugt verdächtigt, aber der böse Blick bemächtigte sich auch harmlos Dreinschauender, ohne daß diese davon etwas ahnten. So war man nie sicher, was ein einziger Blick eines guten Bekannten oder eines Fremden einem umhegten Pferd antun konnte. Brachte der böse Blick dem Tier eine geheimnisvolle Krankheit, fügte er ihm Verletzungen zu, oder bedeutete er gar dessen Tod?

In einer derart von Aberglauben und Angst erfüllten Welt suchten unsere heidnischen Vorfahren Schutz und Heil bei einer Fülle religiöser Bräuche und Riten. Diese Praktiken reichten vom Tragen harmloser Amulette über feierliche Zeremonien bis hin zu grausamen Blut- und Bußopfern. Talismane und Amulette richteten sich unmittelbar gegen den bösen Blick. Ihre schützende und abwehrende Wirkung bestand entweder in ihrer göttlichen Symbolkraft, die das Böse vertrieb, oder aber in obszönen Anreizen, die dem Teufel gefielen und von seinem eigentlichen Ziel ablenkten. Neben solchen Darstellungen und Sinnbildern machtvoller heidnischer Gottheiten — etwa Hörnerpaaren, der Sonne und dem zunehmenden Mond — gehörten die Zierbeschläge zur ersten Kategorie der Abwehrmittel. Angesichts dessen können wir nur über den christlichen Pferdehaltern des 19. Jahrhunderts schmunzeln, der mit viel Hingabe die Zeichen heidnischer Sonnen- und Mondverehrung auf Hochglanz brachte und somit den alten Göttern ahnungslos seine Reverenzen erwies.

Angeblich war der böse Blick besonders aktiv und gefährlich in solchen Zeiten, da sich sein potentielles Opfer in Hochstimmung oder exponierter Lage befand. Daher erschien es äußerst wichtig, Pferde bei großen Ereignissen, Festivitäten und Umzügen über und über mit schützenden Flatterscheiben zu behängen. Bei den prunkvollen Festtags-Geschirren unserer Arbeits- und Zugpferde hat sich dieser Brauch bis heute erhalten. Was jedoch in unserer Zeit eine farbenprächtig-dekorative Augenweide ist, hatte einstmals einen tiefen und ernsten Hintergrund.

Die am weitesten verbreitete Form des Zierbeschlags war die einfache Sonnenscheibe. Noch immer schmückt sie als *Sonnenblitz* oder *Schlitzrose* die Stirn unserer Pferde. Trifft sie der Sonne Strahl, so funkelt sie golden. Unsere Ahnen glaubten, dadurch werde der böse Blick gleichsam geblendet. Sie hielten deshalb die Zierbeschläge stets blitzblank geputzt und erachteten mattes Geschirr als nahezu wirkungslos.

Neben der einfachen Sonnenscheibe finden wir in der heidnischen Zeit viele andere Formen: so etwa die Strahlensonne, das Hakenkreuz als Zeichen der wandernden Sonne, weiterhin Monde, Sterne, Räder, von den Ägyptern entlehnte Herzen, geweihte Hände, Eicheln, Vögel, wilde Tiere und Blumen, voran die Lotusblume, ein weiteres Symbol aus dem ägyptischen Kulturkreis. Im 19. Jahrhundert wuchs die Zahl der Embleme geradezu inflationär an, ein Experte spricht von etwa 3000 solcher Symbole. Die neuen Motive standen freilich in keiner Beziehung mehr zu den heidnischen Ursprüngen der Brasse. Künstlerisch-handwerkliche Phantasie und Zeitgeschmack bestimmten ihre Formen und Muster, die traditionelle Vorlage wurde unwichtig.

Um 1820 lösten gegossene Zierbeschläge die kunstvoll gehämmerten ab. In jüngster Vergangenheit hat sich geradezu eine Massenproduktion solchen Zierates entwickelt, der nicht mehr dazu dient, Pferde zu schmücken, sondern für den Direktverkauf an Liebhaber und Sammler bestimmt ist. Paradoxerweise haben die Flatterscheiben das Zugpferd überlebt; doch gegen den bösen Blick unseres Jahrhunderts, die Scheinwerfer der motorgetriebenen Fahrzeuge, waren sie machtlos.

Warum essen wir kein Pferdefleisch?

Pferdefleisch wird übereinstimmend als sehr nahr- und schmackhaft bezeichnet. Trotzdem ist sein Verzehr in vielen Kulturkreisen tabuisiert. Der Grund hierfür ist nicht in der heutigen Sensibilisierung gegenüber Tieren, insbesondere unseren engen Hausgenossen unter ihnen, zu suchen, sondern in den uns heute zum Teil kaum mehr faßbaren Einstellungen und Ängsten früherer Jahrhunderte.

Knochenfunde aus Höhlen der Altsteinzeit belegen, daß unsere Vorfahren Pferde in reichlichem Maße erlegten und aßen. Die damals bevorzugte Jagdtechnik bestand darin, ganze Herden in Panik zu versetzen und über Klippen oder Steilhänge in den Tod zu jagen. Diese brutale Jagdmethode änderte sich erst, als sich in der Neusteinzeit der Ackerbau ausbreitete und die Domestizierung des Wildpferdes begann. Man schätzte das Pferd zwar auch jetzt noch in erster Linie wegen seines Fleisches, führte es aber zunehmend auch anderen Verwendungszwecken zu: Man verarbeitete das Fell zu wetterbeständiger Kleidung oder zu einfachem Dachmaterial, die Knochen und Hufe zu Werkzeugen oder Schmuckstücken, die Stutenmilch diente nun immer häufiger als Getränk.

Pferde dienten nie derart ausschließlich als Nahrungs- und Produktlieferanten wie andere Tiere, etwa das schwergewichtige Fleischrind oder die großeutrige Milchkuh. Fünftausend Jahre lang spielten sie in erster Linie als Last- und Tragtier eine beherrschende Rolle im Leben des Menschen und schleppten seine Habe und ihn selbst über weite Entfernungen. Sie veränderten unser Dasein grundlegend, ermöglichten uns eine zuvor ungeahnte Mobilität und eröffneten neue Wege des Handels, der Erkundung und der Eroberung. Kurz, das Pferd wurde zum wichtigsten Tier in der Geschichte der Menschheit. Es ist daher kaum verwunderlich, daß es in Legenden eingegangen, verehrt, gar als heilig angesehen und mit der Götterwelt in Verbindung gebracht worden ist. Pferde trugen die Götter durch den Himmel. Der unheilvolle Blitz war das Knallen der göttlichen Pferdepeitschen, der beängstigende Donner das Hufgedröhn der Himmelsrosse.

In vielen heidnischen Religionen wurde das Pferd zum Opfertier. Sein Fleisch und Blut verlieh den Menschen Stärke und Macht. Zugleich mit dem Aufkommen der christlichen Lehre wurden neue Vorstellungen und Regeln geprägt, die teilweise genau und bewußt den alten Vorstellungen widersprachen. Die neue Lehre ächtete oder christianisierte die heidnischen Gebräuche. Der Genuß von Pferdefleisch wurde nun als gottlos und teuflisch gebrandmarkt. So nahm das noch heute geltende Tabu seinen Anfang.

In manchen Gegenden freilich wollte die Entmythologisierung des Pferdes nur schwer gelingen. Trotz aller kirchlicher Ermahnungen ließ sich das Pferd nicht vom heiligen Wesen zum reinen Gebrauchstier herabstufen, und auch sein Verzehr konnte nicht völlig ausgerottet werden. Papst Gregor III. untersagte daher im Jahre 732 den Genuß von Pferdefleisch ausdrücklich. Die Kelten, die sogar eine eigene Pferdegottheit namens Epona kannten, widersetzten sich diesem von höchster Stelle ergangenen Verbot hartnäckig. Noch im 12. Jahrhundert nahm ein irischer König bei seiner Krönung ein Bad in Pferdesud. Eine weiße Stute wurde gemäß den alten rituellen Vorschriften als Opfer dargebracht, zerlegt und gekocht. Der neue Herrscher setzte sich in den Sud, aß das Fleisch und trank die Brühe, oder, wenn man so will, sein eigenes Badewasser.

Die heidnische Vorliebe für das Pferdefleisch überlebte mancherorts noch jahrhundertelang, starb aber in der christlichen Welt nach und nach fast völlig aus. Auch andere große Religionen ächteten das Pferdefleisch. Buddha verbot ausdrücklich den Genuß von Pferdefleisch, auch Mohammed verzehrte es selbst nie. Die meisten seiner Anhänger folgen ihm hierin bis heute. Auch bei den Hindus ist der Verzehr von Pferdefleisch verpönt.

So bedienten sich in den zurückliegenden Jahrhunderten nur noch die Ärmsten der Armen und die kurz vor dem Hungertod Stehenden dieser verfemten Nahrung. Vor allem Landbewohner, die unter den zahllosen Fehden und Kriegen des Adels zu leiden hatten, konnten sich es trotz allen Widerstrebens und Widerwillens nicht leisten, die proteinreichen Kadaver der kräftigen und fleischreichen Schlachtrosse, die auf dem Kriegsschauplatz zurückblieben, den wilden Tieren zu überlassen. Damals wie heute spielte sich die Verwertung der Pferdekörper im Verborgenen ab. In unseren Tagen wird zum Verzehr bestimmtes Fleisch erst einmal zum Schein exportiert oder möglichst unauffällig dem Tierfutter beigemengt.

Der einzig nennenswerte Versuch, den Genuß von Pferdefleisch in Europa wieder »salonfähig« zu machen, fand überraschenderweise im Viktorianischen England statt, in einer Epoche also, da die gefühlsselige Tierliebe ihren Höhepunkt erreichte. Die schlechte Versorgungslage der armen Bevölkerung des Landes und die schrecklichen Folgen der Unterernährung bewogen die Behörden, das nahrhafte und wohlschmeckende Pferdefleisch als Ersatznahrung zu propagieren. Epidemien hatten damals dem Rinderbestand erheblich zugesetzt und die Preise für Rindfleisch in die Höhe getrieben. Pferde als das wichtigste Transportmittel jener Zeit gab es dagegen in großer Zahl, ihr Fleisch war billig zu haben.

1868 wurde gar ein eigener Verein, »Die Gesellschaft zur Verbreitung des Pferdefleisches als Nahrungsmittel«, gegründet, um den Ruf dieses Lebensmittels aufzubessern. Im luxuriösen Londoner *Langham Hotel* veranstalteten die Vereinsmitglieder ein besonderes Festessen, dessen detaillierte Abfolge in allen Zeitungen publiziert wurde: Pferde-Consommé, Seezungenfilet in Pferdeöl, magere Pferdeleber-Terrine, gegrilltes Pferdefilet »Pegasus«, Truthahn mit Roßkastanien, gefüllte Pferdelende »Centaur«, Pferdeschmorbraten, Huhn mit Pferdeklauen garniert, Hackfleischklöße »Gladiator«, Zunge à la Trojanisches Pferd, Hummer in Schindmährenöl und Pferdefußgelee in Maraschino. Am Büffet gab es Pferdekopf mit Gemüse garniert, Pferdelende und gekochten Widerrist.

Trotz der wirtschaftlichen Notlage und wohlgemeinter Werbekampagnen gelang es nicht, das Pferdefleisch selbst in den ärmeren Schichten wieder einzuführen. Lediglich in Belgien und Frankreich konnten sich einige pferdefleischbegeisterte Feinschmecker etablieren. Es blieb bei der ablehnenden Haltung, die die Zeitschrift *Punch* einmal wie folgt zusammenfaßte: »*Hippophagie* — bezeichnet den Verzehr von Pferdefleisch, und *Hypokrisie* (Heuchelei) ist die Behauptung, dieses Fleisch sei wohlschmeckend.«

Der Direktor eines College in Cambridge wollte sich nicht mit der öffentlichen Meinung über das edle Pferd anlegen und lenkte die Aufmerksamkeit auf den Esel, ein in unserer Wertschätzung weit tiefer stehendes Tier. Er ließ ein neunjähriges wohlgemästetes Langohr zu einem Festessen des ehrwürdigen Trinity College auftragen. Das Echo war negativ, zumal Kollegen aus dem rivalisierenden Oxford lästerten, einen alten Esel zu verspeisen komme für einen Cambridge-Würdenträger einem kannibalistischen Akt gleich.

Die Kirche, die ehedem das Pferdefleisch tabuisiert hatte, schwieg zu den Bemühungen um eine Wiederbelebung seines Verzehrs. Wahrscheinlich waren der keltische Pferdegott und die heidnischen Rituale mittlerweile in Vergessenheit geraten.

Ausschlaggebend für die bis heute bestehende Abneigung gegen das Pferdefleisch ist wohl unsere gewandelte Einstellung gegenüber dem Tier. Darwin hatte nachgewiesen, daß der Mensch Teil der animalischen Natur und mit den anderen Lebewesen verwandt ist. So entwickelte sich ein Gefühl der Verbundenheit mit den Tieren. Tierschutzorganisationen entstanden, Tierquälerei galt nun als anstoßerregend, und der Vegetarismus wuchs sich zu einer Bewegung aus. Die Menschen verhielten sich fortan gegenüber den Tieren weniger grausam und blutrünstig. Im religiösen Bereich etwa hatten sie bereits das den heidnischen Gottheiten geweihte rote Blut und Fleisch symbolisch durch Wein für Christi Blut und Oblaten für sein Fleisch ersetzt.

In großen Teilen der Welt wird nur noch Fleisch von Tieren genossen, die man eigens zur Fleischerzeugung aufzieht. Alle engen Haustiere, wie Pferde, Hunde und Katzen, betrachten wir als Helfer und Gefährten und nicht als Genußmittel. Ein treues Pferd, das uns ein Leben lang auf seinem Rücken getragen hat, belohnen wir mit dem Gnadenbrot und ersparen ihm den schnöden Gang zum Schlachter.

Was bedeutet Pferdestärke?

Bis vor kurzem wurde die Motorenleistung bei Kraftfahrzeugen und anderen Maschinen allgemein in Pferdestärken ausgedrückt. Obwohl nunmehr die »Kw«-(Kilowatt-)Maßeinheit offiziell an die Stelle der PS getreten ist, ist die alte Bezeichnung unvermindert in Gebrauch.

Der Normalbürger glaubte gemeinhin, die PS-Angabe bedeute die summierte Kraft der jeweils angegebenen Zahl von Pferden. Ein Auto von vierzig PS würde demnach etwa der vereinten Stärke von vierzig Rossen entsprechen. Doch die Wahrheit ist komplizierter.

Der Vater der PS-Maßeinheit ist der schottische Ingenieur James Watt. Er wollte die Kraft der von ihm im Jahre 1765 erfundenen Dampfmaschine volkstümlich und verständlich ausdrücken. Was lag da näher, als einen Vergleich mit dem zu seiner Zeit vorherrschenden Transportmittel, dem Pferd, heranzuziehen?

Watt wandte sich an Brauereien, deren kräftige Gäule täglich große Lasten zogen. Aufgrund der entsprechenden Angaben berechnete er zutreffend die Durchschnittsleistung eines Pferdes. Aus unerfindlichen Gründen jedoch multiplizierte er die Ausgangszahl mit 1,5. Damit erhielt er »seine« Maßeinheit PS. Sie steht für die Kraft, die notwendig ist, um 33 000 englische Pfund (zirka 14 950 kg) einen englischen Fuß (30,48 cm) in der Minute vorwärts zu bewegen. 10 PS etwa kommen dem Leistungsvermögen von 15 gestandenen Brauereipferden gleich. Wahrscheinlich wollte der seriöse Watt die Kraft seiner neuen Erfindung eher konservativ und untertreibend ansetzen, um einen um so verblüffenderen Überraschungseffekt bei den Benutzern seiner Maschine zu erzielen. Übrigens entspricht das angelsächsische *horse-power* 1,01387 deutschen PS.

Bereits kurz nach seiner Einführung wurde das neue Maßsystem als »schockierend unwissenschaftlich« kritisiert und als kaum »lebensfähig« bezeichnet. Das Gegenteil jedoch traf ein. Die PS wurden zur anschaulichen und jedermann geläufigen Angabe für die Stärke von Motoren und zum Stolz unzähliger Autobesitzer.

Woher stammt der Begriff »Jockey«?

Früher nannte man in England einen unbekannten Mann aus den »niederen« Schichten *Jack*. Der gleiche Name, nur als *Jock* ausgesprochen, diente in Schottland zur Anrede der Bauern. Die Verkleinerungsform war *Jockie*, wie meist die Stallburschen hießen. Anfang des 17. Jahrhunderts wurden mit diesem Namen auch junge Pferdehändler bezeichnet. Da aus dieser Gruppe die ersten bezahlten Rennreiter hervorgingen, bürgerte sich *Jockey* im Laufe der nächsten hundert Jahre als Bezeichnung für den neuen Berufsstand ein. Diese Bezeichnung hat im Englischen wie in vielen anderen Sprachen, so etwa im Französischen, Spanischen, Portugiesischen und Deutschen, bis heute Bestand.

Diese Herleitung der Berufsbezeichnung »Jockey« hat jedoch den Widerspruch eines Fachmanns hervorgerufen. Dieser im neunzehnten Jahrhundert lebende Experte behauptete nämlich, das Wort »Jockey« entstamme der Zigeunersprache; dort heißen lange Peitschen, die heute hauptsächlich Pferdehändler benutzen und *Jockey-Peitschen* nennen, *chuckni*. Die Wissenschaft hält diese Ableitung für abwegig. Vielleicht aber hat dieser Zusammenhang bei der Ausbildung des Begriffs *Jockey* eine Rolle gespielt, wenngleich eine zweitrangige.

Nebenbei bemerkt ist der Jockey-Helm ein Erbe des alten Rom. Die antiken Wagenlenker trugen eine ähnliche Kopfbedeckung. Sie war aus Bronze gefertigt, um den Kopf zu schützen, und hatte einen Schirm gegen die grelle Sonne. Der Jockey-Helm diente übrigens als Vorlage für die traditionelle Kopfbedeckung der englischen Schüler.

Woher stammt die Bezeichnung »Pferd«?

Die meisten von uns verwenden Bezeichnungen wie »Pferd«, »Pony«, »Hengst«, »Stute«, »Fohlen«, »Wallach«, ohne sich Gedanken darüber zu machen, wie diese Begriffe entstanden sind. Sie sind eben Bestandteil der Sprache, und dabei belassen wir es dann. Einige dieser Begriffe haben jedoch einen durchaus interessanten kulturgeschichtlichen Hintergrund.

Pferd

Das heutige deutsche Wort »Pferd« leitet sich von dem mittellateinischen Begriff *par(a)veredus* her, der ursprünglich ein »Postpferd (auf Nebenlinien)« bezeichnete. Das Wort setzt sich somit aus der griechischen Präposition *para = neben* und dem aus dem Keltischen übernommenen spätlateinischen *veredus = (Post)pferd* zusammen.

Pony

Heutzutage bezeichnen wir als *Pony* alle Pferde, die kleiner sind als 1,47 Meter, und zwar unabhängig von ihrem Alter und Geschlecht. Früher allerdings hatte das Wort eine andere Bedeutung. *Pony* stammt vom lateinischen *pullus* her, was Fohlen heißt und später in der Form *pullanus* den jungen Hengst bezeichnete. Im Französischen wurde daraus *poulain* beziehungsweise *poulent*. Die Schotten wiederum übernahmen das Wort *poulenet* in der Aussprache »pulnei«. Mit der Zeit verwandelte sich diese Aussprache in »punei«, geschrieben wurde das Wort jedoch *powney.* Diese Bezeichnung wurde dann in der Folge immer mehr den kleinen Pferden aus Schottland, Shetland und anderen Gegenden zugeordnet, und noch vor zweihundert Jahren definierten die Lexika das Wort als »kleines schottisches Pferd«. In der Aussprache und Schreibung »po-ny« bürgerte sich das ehedem schottische Wort weltweit als Bezeichnung für alle kleinen Pferderassen ein.

Hengst

Unser heutiges Wort »Hengst« leitet sich von althochdeutsch (750—1100 n. Chr.) *hengist* her. Im Mittelhochdeutschen (1100—1500 n. Chr.) veränderte sich dann die Aussprache, und aus *hengist* wurde *heng(e)st.* Ursprünglich bezeichnete dieser Begriff ganz allgemein jedes Pferd. Durch Verengung der Bedeutung wurde die Bezeichnung dann im Laufe der Jahre ausschließlich dem zeugungsfähigen männlichen Pferd vorbehalten.

Stute

Die uns heute geläufige Bezeichnung des erwachsenen weiblichen Pferdes leitet sich von alt- und mittelhochdeutsch *stuot* her. Das Wort wurde auch damals schon zur Benennung des weiblichen Pferdes verwandt.

Fohlen

Diese Bezeichnung des »kindlichen« Pferdes stammt ursprünglich aus dem Niederdeutschen. Im Althochdeutschen nannte man ein junges Pferd dann *folo,* woraus im Mittelhochdeutschen *vol(e)* wurde.

Wallach

Wenn ein junges männliches Pferd geschlechtsreif wird, entscheidet sich der Besitzer, ob er es zu Zucht- oder zu anderen Zwecken verwenden will. Die meisten jungen Hengste werden jedoch kastriert, weil sie sich zur Zucht nicht eignen. Das Produkt dieser Kastration ist der »Wallach«. Das deutsche Wort *Wallach* bezeichnet ursprünglich kastrierte Pferde, die aus der Walachei eingeführt wurden.

Bronco

In Western-Filmen ist immer wieder die Rede von »bockenden Broncos« oder »Mustangs«. Das Wort leitet sich aus dem Spanischen her, wo *bronco* soviel bedeutet wie *unbearbeitet, roh.* Im Amerikanischen bezeichnete das Wort dann ursprünglich ein nur halb zugerittenes Pferd, das schwer zu handhaben war.

Warum bezeichnen wir einen Alptraum auch als Nachtmahr?

Hieße ein böser Traum statt Nachtmahr Nachtangst, bedürfte dieses Synonym keiner näheren Erklärung. So aber fragt man sich, was ein Alptraum mit einer Mähre, einer Stute also, zu tun hat?

Kaum etwas, lautet die Antwort, zumindest auf den ersten Blick. Das Wort *Mahr* hat seinen Ursprung in dem althochdeutschen *mara* und ist verwandt mit dem angelsächsischen *mare.* Es ist ein Synonym für Gespenst, böser Geist oder Alp.

Der Alp, auch Incubus genannt, war ein recht übler nächtlicher Dämon, der sich schlafenden Frauen mit solchem Gewicht auf die Brust setzte, daß sie fast erstickten. Deutlicher ausgedrückt: Der Nachtmahr verging sich an seinen Opfern, während diese von Todesängsten gepeinigt und nach Luft ringend schliefen. Die in solchen Nächten gezeugten Kinder waren angeblich häufig mißgebildet. Hexen erwarteten den Alp verständlicherweise sehnsüchtig, reine Jungfrauen dagegen fürchteten sich vor ihm. Aus unserer heutigen rationalen Sicht betrachtet, diente der Nachtmahr gewiß auch dazu, unerwünschte Schwangerschaften oder das Beiseiteschaffen von Mißgeburten zu rechtfertigen.

Auch konnten durch sexuelle Frustration hervorgerufene nächtliche Unruhe und erotische Träume mit dem aufgezwungenen Treiben des unerbetenen Gastes erklärt werden. In diesem Zusammenhang ist vielleicht noch zu erwähnen, daß die oftmals sexuelle Ursache von Alpträumen den Menschen schon recht früh bekannt war. So schrieb der englische Humanist und Seelenarzt Robert Burton bereits 1621 in seiner Abhandlung »Über die Schwermut der Liebe«: »Unverheiratete Frauen und Witwen leiden in besonderem Maße an schrecklichen Träumen. Wir sehen darin ein Symptom der Melancholie, die sich am besten durch eine Heirat heilen läßt.«

Die Verwechslung des dämonischen Mahrs mit dem weiblichen Pferd, der Mähre, geht wahrscheinlich auf den Schweizer Maler Johann Heinrich Füssli zurück. Füssli lebte seit 1764 vorwiegend in England und malte dort eine Serie von Bildern unter dem Titel *Nightmare*, die übrigens rasch berühmt wurden und als Radierungen weite Verbreitung fanden. Gegenstand der Bilder ist eine schlafende Frau, auf deren Brust ein Dämon sitzt; von draußen starrt ein unheimlicher, blinder Pferdekopf durch die halb zugezogenen Vorhänge. Das blinde Pferd wurde nun von den folgenden Generationen mit dem Titel des Bildes *Nightmare* in Zusammenhang gebracht, und schon glaubte man, der Wortbestandteil *mare* müsse etwas mit den besonderen Kräften des weiblichen Pferdes zu tun haben. Ob Füssli nur mit Worten spielte oder einen tieferen Sinn hinter seiner Darstellung gesehen hat, ist heute kaum mehr zu beantworten. Kunstwissenschaftler neigen der zweiten Auffassung zu. »Das Pferd mit den phosphoreszierenden Augen«, führt ein Experte aus, »ist die ›Mähre‹, die den Alp durch die Nacht trägt, außerdem ein altes Symbol männlicher Sexualität.«

In der Folgezeit hat die irrige Assoziation von Nachtmahr und Mähre offenbar zu der Vorstellung geführt, daß von Alpträumen Geplagte des Nachts von entsetzlichen Dämonen-Pferden heimgesucht werden. Ein Zusammenhang mit unseren wirklichen Pferden besteht hierbei freilich nicht.

Warum glaubte man in alten Zeiten, die Pferde würden des Nachts bisweilen von Hexen entführt?

Unsere abergläubischen Vorfahren waren von der ständigen Furcht besessen, ihre wertvollen Pferde könnten eine Beute von Hexen werden. Man unterstellte den Hexen, sie würden bei Nacht in die Ställe eindringen und die Pferde stehlen, um auf ihnen zum geheimen Hexensabbat zu reiten. Dabei behandelten die teuflischen Weiber die Tiere angeblich schlimmer als die rohesten Schinder. Völlig erschöpft, über und über mit Schweiß bedeckt und unter Atemnot leidend, wurden die Tiere dann — so der Volksglaube — kurz vor Tagesanbruch zurückgebracht. Fand der Stallbursche ein Pferd in diesem erbärmlichen Zustand, so glaubte jedermann zu wissen, was sich nachts abgespielt hatte. Wehe der alten Frau, die zufällig in der Nähe wohnte.

Die Wahrheit sah natürlich anders aus. Die Ställe befanden sich in jenen Zeiten häufig in einem erbarmungswürdigen Zustand. Da die Sicherheit wichtiger war als die Gesundheit der Tiere, hatten die Stallungen oftmals nicht ein einziges Fenster. Nach einer langen Nacht in der völlig verbrauchten Luft eines solchen Schuppens litten die Pferde häufig unter starkem Sauerstoffmangel. Nicht die Teufelskünste der Hexen waren also schuld daran, daß die Tiere so erschöpft und in Schweiß gebadet waren, sondern die Achtlosigkeit und Dummheit ihrer Besitzer.